# Opinion

DE

# M. CRISTOPHE,

## Troisième Partie,

OU

## M. CRISTOPHE A LA PRÉFECTURE DE POLICE.

PAR M. BOUCHER DE PERTHES.

PARIS.

TREUTTEL ET WURTZ, LIBRAIRES,

RUE DE LILLE, N° 17.

M DCCC XXXII.

# Opinion

DE

# M. CRISTOPHE.

TROISIÈME PARTIE.

## Ouvrages du même Auteur,

**EN VENTE :**

Romances, Légendes et Ballades, 1 vol. grand in-18 (400 pag.).

Chants Armoricains, 1 vol. (320 pag.).

Nouvelles, 1 vol. (388 pag.).

Opinion de M. Cristophe, 1re partie, 2e édition.

Opinion de M. Cristophe, 2e partie, suivie de son Voyage commercial et philosophique.

Opinion de M. Cristophe, 3e partie.

**SOUS PRESSE :**

Opinion de M. Cristophe, 4e et dernière partie, brochure.

Satires, Contes et Chansonnettes, 1 volume.

---

CES DIVERS OUVRAGES SE TROUVENT, A PARIS,

Chez TREUTTEL et WURTZ, libraires, rue de Lille, 17.
DUFEY et VEZARD, libraires, rue des Marais, 17.
AMYOT, libraire, rue de la Paix, 6.
DELAUNAY, Palais-Royal.
AUDIN, quai des Augustins.

IMPRIMERIE ET FONDERIE DE A. PINARD,
QUAI VOLTAIRE, 15.

# OPINION

DE

# M. CRISTOPHE,

TROISIÈME PARTIE,

OU

M. CRISTOPHE A LA PRÉFECTURE DE POLICE.

PAR M. BOUCHER DE PERTHES.

PARIS.

TREUTTEL ET WURTZ, LIBRAIRES,

RUE DE LILLE, N. 17.

1832.

# Opinion

DE

# M. CRISTOPHE.

## Troisième Partie.

### M. CRISTOPHE A LA PRÉFECTURE DE POLICE.

QUAND M. Cristophe entra à l'hôtel de la Préfecture, il avait un air grave, mystérieux, et jetait des regards obliques sur tous les survenans, qu'il considérait comme autant d'examinateurs-jurés, d'inquisiteurs généraux et spéciaux chargés de sonder les ames ; il n'y eut pas jusqu'au petit chien de madame la Préfette, lorsqu'il vint sur l'escalier se ruer sur lui, qu'il ne prît pour un agent provocateur; ce qui l'empêcha, par prudence, de lui envoyer un coup de pied.

On déposa notre vigneron dans une grande salle, au milieu d'une douzaine d'individus arrêtés dans l'émeute du matin. Hommes, femmes, enfans, il leur trouvait à tous le même air mouton, et à chaque parole qu'ils lui adressaient, il reculait trois pas.

Après une heure d'attente, il fut introduit dans le cabinet d'un chef de septième ou huitième classe, espèce de magistrat amphibie ou de commis instructeur, destiné à donner la question morale aux gens suspects, ou, pour parler clairement et en langage technique, à leur essayer les poucettes.

La mine du magistrat supplémentaire avait été choisie pour la place, c'est-à-dire pour inspirer confiance aux niais et leur donner babil. Il avait la voix pateline, l'œil compatissant, et l'air tout-à-fait bon homme. Cet ensemble souriant rassura immédiatement M. Cristophe, qui était physionomiste, et qui le prit pour M. le Préfet en personne.

Voici la conversation qui s'engagea entre eux :

« Votre nom? » — « Cristophe. » — « Je dis votre nom de famille? » — « Cristophe. » — « Votre prénom? » — « Cristophe. » — « Cristophe Cristophe? » — « Juste. » — « Le nom de votre femme? » — « Cristophe. » — « Comment, dit le magistrat, qui crut que le digne homme se moquait de lui, il n'en est donc pas d'autre dans votre commune? » — « Pardon, M. le Préfet; mais il n'en est pas moins vrai que je m'appelle Cristophe, parce que mon père s'appelait Cristophe et mon patron aussi. Il est également certain que ma femme se nomme Cristophe, parce qu'elle est ma femme; ensuite elle se nomme encore Cristophe, parce qu'elle est la fille du frère de mon père. » — « Votre état? » — « Vigneron pour vous servir. » — « Que faisiez-vous sur la place? » — « Je causais avec mes amis. » — « Il paraît que vous en avez beaucoup? » — « Autant que de pratiques. » — « Et que leur disiez-vous? » — « Ma foi! pas grand'chose : nous causions de la saison, en regardant tuer un homme, pour passer le temps. » — « Ne pourriez-vous pas vous rappeler, et n'avez-vous pas dit.... » — « Que la pluie était fort à désirer pour les biens de la terre; oui, je m'en souviens maintenant. » — « Mais ne parliez-vous pas aussi de liberté? » — « Cela se peut encore, M. le Préfet; je l'aime beaucoup, parce qu'elle est l'ame du commerce et la garantie du bon vin. » — « Du bon vin ? » — « Oui, M. le Préfet, on le fait bon quand on le vend bien. » — « C'est pour cela que vous voulez la liberté? » — « Certainement; donnez-nous-en un peu, et je vous réponds que la récolte vaudra celle de l'année de la comète. » — « Je l'aime aussi, mon cher monsieur, mais la liberté a des bornes. » — « C'est précisément ce que je leur disais. » — « Ah! vous leur disiez cela. » — « Oui, M. le Préfet, et je suis bien aise de m'être rencontré avec vous, et que vous applaudissiez à mes principes, car, voyez-vous, partout on me trouvera prêt à seconder l'autorité, ainsi que je l'ai toujours fait. » — « Ainsi que vous l'avez toujours fait! répéta le magistrat, en examinant un signalement qu'il avait devant lui ; n'êtes-vous pas ce certain vigneron qui, l'année dernière, alliez prêchant la liberté du commerce? » — « Oui, M. le Préfet. » — « Et cette année vous prêchez celle des consciences? » — « Oui, M. le Préfet. » — « Et c'est pour seconder l'autorité, comme vous l'avez toujours fait, dites-vous? » — « Oui, M. le Préfet. » — « Et moi je crois que vous avez toujours fait le contraire. » — « Alors, M. le Préfet, c'est sans doute que l'autorité avait toujours tort ; ce n'est pas ma faute, je ne demande pas mieux qu'elle ait raison ; rendez à César ce qui appartient à César, c'est ma doctrine, à moi, et je respecte un sergent de police comme si c'était ma mère, pourvu qu'il ne se mêle pas de mes affaires, et qu'il ne rapporte pas ce que je dis; car si je suis un homme juste, je suis aussi un homme libre et volontaire, ainsi que Dieu m'a fait à son image et que le veut l'Ecclésiaste : *Deus ab initio constituit hominem et reliquit illum, in manu consilii sui.* »

En entendant M. Cristophe parler latin, le magistrat ouvrit les yeux et les oreilles, et notre vigneron, qui tenait le verset de son curé, jouit silencieusement de son triomphe, jusqu'à ce que le commis d'instruction, reprenant son sourire et le fil de l'interrogatoire, lui dit : « Veuillez m'expliquer, M. Cristophe, ce que vous entendez par ces paroles? » — « J'entends que Dieu, ayant donné la liberté à l'homme, l'homme doit la garder, et que vous et moi par conséquent avons le droit de penser et d'agir. » — « Mais encore, M. le marchand de vin, faut-il que cela ne puisse nuire à autrui. » — « Juste, M. le Préfet, je l'ai dit mot pour mot. » — « De plus, mon cher monsieur, il faut que ces actions ne soient pas en opposition avec les lois. » — « Accordé, M. le Préfet : aussi est-ce pour cela que le peuple le plus libre est celui qui a les meilleures lois et qui sait le mieux les faire respecter. » — « Bien, mon ami; mais aujourd'hui tout le monde en veut faire, et personne ne trouve bonnes que celles qu'il a faites, après les avoir méditées comme vous sur les places et les carrefours. Au surplus, quelles sont pour vous les bonnes lois? » — « Ce sont celles qui, en assurant l'ordre, laissent le plus de développement à la pensée, à la volonté, au commerce de vin et aux spéculations de toute nature. » — « De toute nature, dites-vous? c'est beaucoup. » — « Je n'en rabattrai pas d'une : dès qu'une loi entrave ce que la raison rend licite, elle est mauvaise. Dans un État libre, tout doit être permis, hors le mal; la loi ne doit gêner aucune pensée, aucune action, aucune volonté utile ou même indifférente. Mon confrère le jardinier veut planter un arbre, il veut l'appeler l'arbre de la liberté. Eh bien! qu'il le plante : seulement, que ce ne soit ni dans le champ d'autrui, ni dans la voie publique, où il n'est pas plus légal de planter un arbre que des melons ou des ciboules.

« Martin, l'équarrisseur, dit qu'il est républicain. Eh bien! qu'il le dise, qu'il l'écrive, qu'il l'imprime; s'il paie ses contributions, s'il monte sa garde; s'il n'équarrit que les bêtes mortes, à lui permis, il peut le crier même dans la rue, pourvu que cela n'étourdisse personne, n'ameute pas les polissons et n'entrave pas la circulation. » — « Mais si cela arrive? » — « Alors je le mettrai au violon pour avoir embarrassé le chemin, causé du désordre, et empêché les gens d'aller à leurs affaires. » — « Ne vaudrait-il pas mieux prévenir que punir? » — « Sans doute, si c'était possible sans empiéter sur le droit commun et sans couper la respiration à mille individus, parce qu'un d'eux a l'haleine forte. » — « Ah! ah! suivant vous, honnête industriel, il faut, en politique comme en commerce, laisser faire, laisser passer? » — « M. le Préfet, en politique comme en toute autre chose, chacun a le droit de penser, dire, crier, chanter, écrire, imprimer tout ce qu'il veut. La pensée ne peut être du domaine de la loi, parce que la loi, toute d'action, ne peut être dirigée contre ce qui n'en est pas une. La pensée, ou ce qui l'exprime, n'est pas exécution, c'est une intention; mais l'intention n'est pas le fait, et le fait seul est soumis au magistrat. C'est parce qu'on a confondu ce qui était avec ce qui n'était pas, la conscience avec le résultat, le futur avec le présent, que tant d'incertitudes, de chicanes, de persécutions politiques et religieuses ont désolé le monde civilisé depuis qu'il a commencé.

Si la cervelle des premiers législateurs eût été nette, ils n'eussent pas mêlé ce qui ne doit jamais l'être, ni eu la bizarre prétention d'ajuster l'ame au scalpel, et de traiter la pensée au bistouri, bref, de torturer, de tuer ce que nul, hors Dieu, n'a le droit de juger. La raison, la pensée, sont inviolables : telle est mon opinion, et la liberté individuelle repose tout entière sur ce principe. »

Le magistrat, aux grands mots du vigneron, douta de nouveau de l'identité; il ne connaissait pas encore la malice du bon homme, qui, ainsi que nous l'avons vu, avait une industrie merveilleuse pour s'approprier les paroles d'autrui. Si sa latinité venait du pasteur, sa métaphysique venait du magister, qui la tenait lui-même du juge de paix. Ainsi va la science : où il y en a pour un il y en a pour quatre : aussi M. Christophe, avec une imperturbable gravité, continua à débiter ce qu'il n'entendait que de troisième main.

« Comprimer l'ame, poursuivit-il, est toujours un mal; c'est cette oppression qui tient les peuples en enfance depuis tant de siècles. Si l'on avait laissé l'œuvre de Dieu croître et se développer, l'homme serait maintenant bien plus haut. Voyez combien d'opinions repoussées comme funestes ont donné des fruits utiles ! on avait donc tort de les proscrire, et elles ne l'eussent pas été si chacun eût conçu que cette matière légale dont on entoure l'esprit, que ces chaînes jetées sur l'ame, c'est-à-dire sur ce qui ne peut être enchaîné, sortent du droit réciproque, des conventions sociales et des concessions possibles. Le gouvernement, quel que soit son nom, n'existe que pour l'ordre et la règle ; et la pensée est hors de la règle, ou, si l'on aime mieux, hors des institutions humaines ; elle n'appartient à la loi, elle n'est sujette de la force publique, que lorsqu'elle se manifeste par un fait matériel, un fait qui nuit physiquement à la propriété ou à la personne : jusque là elle n'est que du domaine de la pensée, et ne peut être combattue que par la pensée, c'est-à-dire par l'opinion ou la persuasion. A une cause morale, on ne peut opposer qu'une digue morale ; et la loi ou la force n'a pas d'autre droit sur l'ame que celui d'un éteignoir sur un flambeau. »

Ici M. Cristophe haussa la voix, et le magistrat les épaules.

« Une nation qui raisonne, et qui peut raisonner à son aise, continua le marchand de vin, est déjà une nation libre. Elle ne cessera de l'être que si elle laisse empiéter sur cette raison, et pour empiéter sur la raison il faut toujours commencer par la pensée bonne ou mauvaise : or, comme il est impossible d'établir des limites entre les bonnes et les mauvaises pensées, c'est-à-dire entre les nuances du bon sens ou les transitions du raisonnement, c'est cette pensée tout entière, c'est tout ce qui tient à la manifestation de cette pensée, qu'une nation doit défendre pied à pied, et qu'elle ne doit laisser limiter sous aucun prétexte. En vain on lui dira que c'est pour son bien, que c'est pour prévenir la licence, les excès, sauver la morale, les lois, la religion, tout cela est mensonge : les ténèbres ne sont jamais utiles. Si la lumière a ses faux-jours, ces faux-jours mêmes brillent. La pensée est la lumière morale, et ses égaremens sont encore la pensée.

« D'ailleurs, si vous prononcez une erreur dans un cercle où les opinions sont libres, vous verrez immanquablement paraître quelqu'un pour la combattre. S'il peut advenir un mal momentané des écarts de l'imagination, il resulte toujours un grand bien de sa manifestation, car c'est seulement ainsi que la conscience peut être éclairée, l'erreur rectifiée, et l'ignorance, source de tous les maux, détruite. Enchaîner, obscurcir, entraver la raison, est partout une faute, et de plus une usurpation, un acte de tyrannie. Un gouvernant ne peut être un instrument de ténèbres et de mort: quel que soit son nom, il n'est que le mandataire des gouvernés, qui, réunis, sont plus que lui, et valent mieux que lui; il gouverne pour eux, et non pour lui; son mandat est donc de les éclairer, et non de les abrutir. »

— « Ah! mon cher monsieur, quel singulier galimatias faites-vous là? Si j'ai pu y comprendre quelque chose, vous voudriez que ni les écrits ni les paroles, rien enfin de ce qui peut servir à communiquer les idées utiles ou nuisibles, innocentes ou coupables, ne fût subordonné au pouvoir? » — « Précisément, M. le Préfet. » — « Par conséquent, mon voisin dit, écrit, fait imprimer qu'il mettra le feu à ma maison, il faut l'écouter paisiblement, et attendre qu'il l'ait mis? » — « Pour l'éteindre, oui, M. le Préfet. » — « Mais, mon brave homme, en disant, en publiant qu'il mettra le feu à ma maison, mon voisin produit un mal réel, il empêche mes amis d'y venir, il me constitue en frais de garde, il me rend malade par l'inquiétude qu'il me cause. » — « Alors M. le Préfet, il est résulté un fait de la pensée de votre voisin: c'est ce fait qu'il faut punir, et non pas la menace, qui ne serait qu'un vain bruit s'il n'en était rien arrivé. Le voisin vous a causé une perte; il vous doit des dommages et intérêts, et la loi vous les accorde. Tout déboursé entraîne remboursement : un tort, quel qu'en soit l'auteur, doit être réparé. Ceci admis, toutes vos lois hostiles aux pensées, paroles, chants, prières, cris, livres, images, toutes ces précautions plus ou moins absurdes, arbitraires et tyranniques contre le son, la voix, les yeux et les oreilles, deviendront inutiles; laissez chacun responsable des suites, et faites-les-lui payer. Il ne vous faut qu'un bon tarif, et avec cela, libre à tout barbouilleur de m'afficher en caricature, de me chanter en épigramme, de me jouer en vaudeville ou mélodrame; si cela nuit à ma santé ou à mon commerce, je m'adresse au juge, je lui présente le mémoire du dégât ou du médecin, il fait supprimer l'ouvrage, punir l'auteur et solder le compte; mais il le fait généreusement, largement, magnifiquement. Ah! M. le rédacteur, M. l'éditeur, vous usez de mon individu pour remplir votre feuille, c'est-à-dire pour gagner de l'argent! Fort bien, usez; mais il est juste que je vous en demande ma part, car mon individu c'est moi, je suis ma propriété, capital et revenu, et si vous en spéculez sans droit, il faut payer.

« Et puis si vous mentez, si vous calomniez, ce n'est pas à 200 fr. d'amende, à l'insertion et à l'affiche du jugement que je vous ferai condamner, c'est à 20,000 fr., c'est au carcan; cela est juste, puisque vous m'y avez mis. Celui qui pour un salaire s'efforce d'arracher l'honneur d'un citoyen, n'est pas moins coupable que le voleur avec effraction et escalade.

« Je veux encore, pour m'éviter l'embarras des recherches, que vous et tous ceux qui s'adressent au public, à quelque titre que ce soit, soient tenus de signer leurs noms, titres, qualité et domicile; qu'ils soient poursuivis s'ils ne le font pas; qu'ils soient réputés faussaires s'ils en donnent d'autres. Je dois voir celui qui me parle. Quiconque prêche, régente, conseille, blâme, attaque, injurie, agit ou veut agir sur autrui, n'a pas le droit de se masquer; il se fait ministre, il est responsable, et doit signer ce qu'il publie. Je sais que cette mesure fera crier les écrivassiers qui se cachent dans les greniers pour jeter des ordures aux passans; mais tous les honnêtes gens y applaudiront, elle préviendra les guet-à-pens, les assassinats moraux. Utile à l'ordre, elle le sera à la langue, elle forcera celui qui se fait imprimer à mûrir ce qu'il écrit et à respecter le goût en se respectant lui-même. Bref, quand il faudra dire en tête de toute œuvre : c'est moi l'auteur, on écrira moins de vilenies, de méchancetés et de mensonges. »

— « Mon cher monsieur, vous trouverez toujours des gens qui se feront attacher au pilori pour leur plaisir ; vous me direz : ils en sont bien les maîtres; mais comment réprimerez-vous les délits de la pensée, qui n'attaquent personne individuellement, ce qui offense la pudeur, par exemple? » — « Offenser la pudeur, c'est offenser le public, et je fais partie du public; je ne puis plus conduire ma femme sur les boulevards si on y expose des turpitudes. C'est donc moi qui attaque l'auteur de la turpitude; le juge la fait disparaître et payer le dommage s'il y en a. La plupart de ces infamies sont des spéculations, et on y regardera à deux fois quand, en y dépensant son bonneur, on risquera encore sa bourse. »

— « Mon ami, ceci est absolument ce qui se fait aujourd'hui, et mieux encore, puisque c'est le procureur du roi qui poursuit au nom du public et qui vous évite ainsi l'embarras de le faire vous-même. »

— « Ici, distinguons, M. le Préfet : si le procureur du roi agit en réparation du dommage fait à moi ou à ma femme, il a raison; si c'est contre la peinture ou l'écrit que porte son réquisitoire, il a tort, et cela n'est pas une vaine distinction, car en poursuivant l'image c'est une simple opinion qu'il attaque, au lieu qu'en s'attachant au dommage, c'est bien le fait et le fait seul qu'il frappe; en punissant le résultat d'une mauvaise pensée, il ne s'est pas armé contre la pensée même, il n'a pas nui à son développement; et le principe immuable de l'inviolabilité de l'ame a été respecté.

« Vous m'objecterez encore que dans une action quelconque l'intention est tout, qu'elle seule peut être coupable ; mais je vous répéterai que cette culpabilité d'intention n'appartient pas à la justice des hommes ; la loi frappe un criminel, non pour le crime en lui-même, mais pour le tort fait à la société. Le Code pénal n'a rien de commun avec la morale et la conscience ; s'il pesait l'ame de l'accusé, il faudrait une loi pour chaque individu, une peine différente pour chaque fait. Sur cent personnes prévenues du même crime et condamnées à la même réparation, il n'y en a pas deux dont le degré de culpabilité ou d'intention soit exactement le même. La loi ne doit donc s'attacher qu'au fait seul, parce que juger la volonté est au dessus de la portée de la raison humaine.

« Un homme prend mon chapeau; qu'il l'ait fait volontairement ou non, le tort est le même pour moi. Je cite cet homme en justice : le juge me fait d'abord rendre mon chapeau, ou payer sa valeur, et puis il examine le fait. Si cet homme a pris mon chapeau par distraction, c'est un accident purement matériel, étranger à l'homme; c'est un coup de vent qui l'a emporté; il n'y a personne à juger, puisqu'il n'y a pas d'action. Tout est réparé quand ma propriété m'a été rendue.

« Mais si l'homme a voulu me voler, il y a, outre le dommage individuel, un tort fait au public. Cette volonté de prendre est d'un effet nuisible à la masse; elle oblige chacun à des précautions plus ou moins gênantes ou onéreuses. La restitution a contenté l'individu volé; elle n'a pas satisfait la société : le voleur lui doit encore une réparation pour le dérangement de l'ordre, tort matériel, tort entièrement indépendant de l'intention.

« Vous répondrez : c'est pourtant l'intention que vous punissez? Nullement. Je ne punis que le résultat nuisible à la masse; car le voleur n'a voulu qu'un chapeau, et il n'a pas prétendu nuire à la société; et si je le punissais pour cette intention, je serais injuste, puisqu'il ne l'avait pas. C'est donc l'effet produit que là, comme partout, la loi doit atteindre, et je me résume ainsi : où la volonté n'est pas, il n'y a pas d'action; où la volonté est, il faut juger le résultat et non pas la volonté. Sur cette base, tout acte nuisible peut être prévenu, réparé ou puni, sans restreindre l'ame. Avec cette liberté de conscience et d'imagination, une nation pensera beaucoup; et celle qui pense le plus ayant le plus de chances pour trouver la vérité, il est probable qu'elle agira le mieux et prospérera toujours. »

— « *Amen!* dit le magistrat. Tout cela est fort libéral et fort beau en théorie; mais si je consulte la pratique et l'expérience, je vois que la pensée est pour les trois quarts des individus une superfétation et un luxe dangereux, qui ne leur sert, comme le bois aux cerfs, qu'à s'accrocher aux branches. »

— « Quand cela serait, M. le Préfet, je ne trouverais pas un motif suffisant pour tailler le bois des cerfs, puisque Dieu le leur a donné, et puisque après l'avoir coupé vous seriez convaincu que cela est inutile, car vous le verriez repousser, et repousser plus fort. Essayez de comprimer une pensée, comme la corne du cerf elle n'en prendra que plus de force. Tant d'absurdités n'ont traversé les siècles qu'à l'aide des prohibitions, des bûchers et des bourreaux. Défendez de dire que les lapins ont deux têtes, et demain cent individus se feront brûler pour le soutenir. »

— « Laissons là les comparaisons, M. le marchand, et revenons à votre doctrine. La nation qui pense le plus est, selon vous, la plus libre, c'est-à-dire celle où chaque individu étant le moins entravé dans sa volonté, est le plus maître de ses actions. Eh bien! si je vous fais voir le contraire, si je vous prouve que les lois peuvent laisser l'ame très-libre, et gêner très fort l'individu?... » — « Mais, M. le Préfet... » — « Mais, M. le vigneron, écoutez-moi donc un moment à votre tour; puisque vous faites des contes à tout le monde, il me sera bien permis de vous en offrir un.

« Un mulâtre de Cuba, qui venait d'être affranchi avec un legs considérable, ayant jugé, au style de nos journaux, que notre pays était celui de l'indépendance physique et morale, résolut de venir s'y établir, et à cet effet s'embarqua à Saint-Iago le 1er juin 1831. Le 7 du mois suivant il fut en vue des côtes de Normandie, et le lendemain le bâtiment mouilla en rade de Cherbourg.

« Notre affranchi, avide de fouler le sol de la liberté, demanda une embarcation pour le conduire à terre; aucune ne se présentant, il allait s'y rendre à la nage, quand le maître d'équipage le prévint qu'il serait fusillé à son arrivée, par mesure sanitaire. Sur ce simple aperçu, il renonça, pour l'instant, à sa promenade.

« Après huit jours de quarantaine, le navire, qui avait patente nette, fut admis à libre pratique. Le métis, dont les jambes grillaient, s'apprêtait à sauter sur le quai, lorsque le même maître lui fit observer qu'il tomberait immanquablement dans la geôle amirale, pour n'avoir pas attendu le capitaine du port. Le capitaine arrivé, le voyageur s'élança à terre, et fut reçu dans les bras de deux messieurs habillés de vert, qui le tâtèrent amiablement de la tête aux pieds*. Il crut que c'était le cérémonial d'usage, et leur rendit affectueusement leurs caresses ; toutefois il s'étonna un peu quand on lui proposa de faire voir... mais respectant les mœurs et coutumes, il s'y prêta de bonne grace, et il en fut bien dédommagé, car il apprit que c'était une mesure protectrice et commerciale, ce qu'il aurait difficilement deviné.

« Sorti des bras des habits verts, il entra dans ceux des habits bleus, qui le déposèrent dans ceux d'un habit noir. Ledit habit noir lui demanda son passeport, et, par mesure de police, l'envoya chez le

* Le narrateur attaque ici une mauvaise loi et non un corps honorable, et un habit qu'on a vu plus d'une fois sur nos champs de bataille.

commissaire du quartier, qui, par mesure de sûreté, le renvoya chez le maire, qui le fit conduire chez le sous-préfet par mesure générale.

« De mesure en mesure, il était six heures quand il put aller réclamer ses malles à la douane, qu'il trouva fermée ; et n'ayant ni son bagage ni ses papiers, il se vit, par mesure de prudence, refusé à la porte de toutes les auberges ; de façon qu'ayant été trouvé dans la rue à minuit, il fut arrêté comme vagabond par une patrouille, et mis en fourrière comme suspect, par mesure provisoire.

« Il y resta juste soixante-douze heures et demie. » — « En vertu de la loi qui défend d'y retenir plus de vingt-quatre, » dit M. Cristophe. — « Le jour d'entrée et de sortie ne comptent pas, répliqua le magistrat : aussi le troisième jour fut-il mis dehors.

« Charmé de respirer le frais, il se promenait sur la pelouse, au clair de la lune, lorsqu'il entendit une balle lui siffler aux oreilles ; et, à son grand étonnement, il vit que c'était bien à lui qu'elle s'adressait. Le caporal, qui survint, lui dit de ne pas s'en formaliser, que c'était par mesure militaire, et en exécution de la consigne ordinaire à l'égard de ceux qui prenaient l'air sur les glacis après le soleil couché. Le bon mulâtre se promit bien d'aller le prendre ailleurs.

« Quand il eut recouvré ses hardes et trouvé un logement, il crut qu'en évitant tout contact avec les agens sanitaires, maritimes, militaires, de police et de sûreté, il pourrait profiter enfin de cette liberté pour laquelle il avait traversé les mers ; mais des mesures générales il tomba dans les mesures locales, il ne pouvait faire un pas sans se trouver en contravention avec quelques uns des arrêtés spéciaux, ruraux, municipaux, tous délibérés par le conseil et signés par le maire, mais dont personne ne lui avait dit mot à Cuba, où les nègres et les mulâtres font rarement leur droit.

« Pensant que ces désagrémens ne le poursuivaient que parce qu'il n'était pas citoyen français, il acquit une propriété. Naturalisé par ordonnance, il devint électeur et éligible. Il ne se tenait pas de joie, et il se croyait aussi souverain que le roi de Congo, quand il reçut de son sergent-major un billet de garde. Il fut exact à l'heure ; mais, s'étant endormi en faction, il fut tancé par le caporal, signalé par le sergent, mis au rapport par le lieutenant, traduit au conseil par le capitaine, et condamné aux arrêts, à la requête du chef de bataillon.

« Les arrêts levés, il jouissait depuis cinq minutes de son indépendance citoyenne, quand un huissier lui apporta une citation pour témoigner à cent lieues de là. Il fit remarquer au porteur qu'il y avait confusion de nom ; que la personne citée était une femme blanche, et qu'il était un homme brun. L'huissier lui dit qu'il le voyait bien, mais qu'il ne devait pas moins paraître à l'audience, sous peine d'y être conduit de brigade en brigade, pour y entendre dire qu'on s'était trompé d'adresse.

« Quitte du témoignage, il revient chez lui ; un gendarme l'y attendait avec un ordre pour le jury, où son nom était sorti de l'urne. Il s'y rend, fait bravement condamner six vauriens aux galères, quatre au carcan, trois à la marque, et croit pouvoir enfin se reposer.

« Malheureusement, on venait de mobiliser la garde nationale pour marcher sur Lyon, et il se trouvait du nombre des mobiles. Pour le coup, le régime légal eut tort. N'en voulant pas davantage, et renonçant à sa souveraineté électorale, à sa gloire municipale, il s'élança sur le paquebot et retourna à Cuba, où il pria son maître de le reprendre comme esclave, ne voyant que ce moyen de vivre à peu près à sa guise.

« Or, mon cher monsieur, ce bon mulâtre, pendant son voyage, n'avait cependant été soumis qu'aux seules conséquences de l'ordre et d'une sage police; il avait pu se livrer à toute l'étendue de sa pensée, à tout le vague de son imagination; dire, écrire, imprimer tout ce qu'il voulait; mais partout où il y a société il y a des devoirs à remplir, et tout devoir est une chaîne. Il n'y a pas de gouvernement libre, parce que, tout gouvernement entraînant obéissance, gouvernement et indépendance sont deux choses qui se contredisent. »

— « Cependant, M. le Préfet, vous conviendrez qu'il y a du plus ou du moins dans cette obéissance, et que la charge des lois est encore moins lourde que celle du caprice. Votre homme a éprouvé quelques contrariétés en présence des institutions; voyons s'il en eût éprouvé moins par leur absence, et si le bon plaisir l'eût mis plus à son aise. Je veux aussi, à ce sujet, vous raconter une histoire que j'ai lue hier dans un journal :

« Un capitaine de felouque ayant trouvé à acheter à bon compte, à Paris, une forte partie de bonnets de coton, dont la couleur déplaisait beaucoup aux bons habitans, toujours constans dans leurs affections, résolut de les porter en Espagne, où le blanc était alors en faveur. Profitant d'un vent favorable, il mit à la voile, et il navigua très heureusement, jusqu'à ce qu'une tempête le poussât vers l'Afrique, où il fut obligé de relâcher.

« Le roi du pays était un brave homme, qui, ayant reçu gracieusement du capitaine ce qu'il s'apprêtait à lui prendre de sa main royale, conçut une vive estime pour lui.

« Cependant, le vent continuant d'être contraire, le navire ne pouvait remettre à la voile. Ses ressources pécuniaires épuisées, le capitaine se vit dans un grand embarras. Il présenta sa marchandise en vente; mais personne ne voulait acheter de bonnets blancs, dans un pays où tout est noir. Il alla conter sa peine au roi; et il le fit d'une manière si touchante que ce digne prince en pleura d'attendrissement. Après un moment de réflexion, il lui dit qu'il le tirerait de ce mauvais pas.

« Le lendemain, il fit publier que celui qui ne porterait pas un bonnet de coton aurait les oreilles coupées : le soir même le capitaine avait vendu toute sa pacotille.

« Il alla, comme on le pense bien, remercier le prince; et le prince fut si content de sa joie, qu'il voulut rendre sa spéculation meilleure encore. Le jour suivant, il fit une autre ordonnance par laquelle il était dit que tout individu qui aurait un bonnet de coton perdrait le nez. Aussitôt chacun s'empressa d'aller revendre son bonnet au capitaine, qui les reprit à 99 p. % de perte. Il remporta tout entière sa cargaison, qu'il alla débiter à Cadix, sous la dénomination de bonnets grecs.

« Or, chez ce prince obligeant, il n'y avait ni jury, ni garde nationale, ni gendarmes, ni douaniers, ni loi à voter, ni témoignage à rendre, pas le moindre devoir public à remplir; demandez cependant à notre marin s'il aurait voulu être le sujet de son bon ami. »

— « Eh bien! M. le vigneron, qu'en concluez-vous? et quel rapport entre la pacotille de votre capitaine et la pensée et son indépendance? »

— « Ce que j'en conclus, M. le Préfet, est que si la raison de ce peuple avait été libre, il aurait senti que nul n'avait le droit de lui couper les oreilles pour lui faire porter un bonnet, ou de lui couper le nez pour l'empêcher d'en porter; qu'il l'aurait dit au roi, et que le roi, convaincu qu'il avait ordonné une bêtise, y aurait renoncé. Le plus cruel tyran n'est absurde que parce qu'il ne croit pas l'être. Pour faire une chose folle il faut qu'il y trouve un motif raisonnable, et ce motif ne lui paraît tel que parce qu'il n'a autour de lui que des muets.

C'est le silence des peuples qui fait le despotisme. »

— « Ou leurs cris qui font l'anarchie. »

— « D'accord, M. le Préfet; mais les cris ne sont pas des paroles, et encore moins des raisons. Cent individus qui hurlent sans s'entendre ne font rien de plus, en résultat, que cent autres qui se taisent, et le despotisme et l'anarchie ne sont à mes yeux qu'une seule et même chose, c'est-à-dire le droit du plus fort. Le despotisme est la tyrannie d'un seul; l'anarchie est celle de plusieurs, mais c'est toujours l'arbitraire, le défaut de règle, qui en sont la base. Quelque mauvaise que soit une loi, elle n'est que demi-mal, si elle est claire et respectée. Les lois obscures ou inexécutables sont le droit écrit des despotes : l'ignorance des sujets fait la part des tyrans.

« Un peuple qui veut être libre doit d'abord s'instruire de ses droits, perfectionner ses institutions, devenir moral, juste et raisonnable, car la liberté n'est autre chose que l'exercice de la raison. La raison d'une nation ne peut être ni dans cent ni dans mille, elle est dans tout ce qui réfléchit et calcule. Établir un privilége quelconque de la pensée, c'est renoncer à une partie du bon sens public, c'est se vouer à la folie, au vice, à la cruauté de quelques uns.

« De toutes les âneries que l'homme a criées, la plus forte, à mon gré, est celle-ci : *e viva il re netto!* Faire dépendre sa fortune, son honneur, sa vie, de la volonté d'un homme, avant même qu'il soit né, est l'idée la plus folle qui soit entrée dans une tête humaine. Un pareil cri prouve autant contre la foule qui le pousse que contre le roi qui le tolère, car le despotisme n'existe même pas en faveur des rois. Sur vingt États gouvernés par le bon plaisir, c'est-à-dire où les lois cèdent à la volonté, il y en a dix-neuf où ce bon plaisir n'est que celui du fou, du nain ou du barbier du prince. C'est au profit de la valetaille que l'Europe a été exploitée pendant quinze cents ans, et qu'elle l'eût été jusqu'à la fin du monde si Guttemberg n'eût pas inventé la presse. »

Ici M. Cristophe dit de fort belles choses sur l'imprimerie, depuis celle Royale jusqu'à celle des indiennes de Jouy ; puis il ajouta : « Moins l'arbitraire, le caprice, la passion du moment, peuvent avoir d'influence sur la destinée d'un peuple, meilleur est son gouvernement ; les bonnes institutions sont la suite de la réflexion et de l'expérience. Toute loi doit être consciencieusement discutée, car ce sont les bonnes lois qui font les bons peuples. »

— « Puisque nous en sommes là-dessus, dites-moi, M. Christophe, ce que vous comprenez par peuple, dans un État libre. » — « Ce que je comprends par peuple est la partie instruite ou raisonnable de la nation. Je sais que quelques uns ont autrement établi leur calcul : il ont mis d'un côté les propriétaires, les négocians, les savans, les gens riches ou industrieux ; de l'autre, les pauvres, les fainéans, les ignorans, les imbécilles ; et comme cette dernière agglomération s'est trouvée la plus épaisse, ils ont dit que c'était la nation et la partie qui devait gouverner l'autre. Mais comme cent grenouilles ne valent pas un saumon ; comme cinquante chapons sont moins forts qu'un dogue ; comme cent fous ne sont pas un sage, ni cent demi-raisons une raison ; comme enfin, lorsque les trois quarts des habitans d'un village sont aveugles, c'est à l'autre quart à les guider, je ne suis nullement de leur avis. »

— « Eh quoi ! vous disiez tout à l'heure que la raison était dans le nombre ! »

— « Dans le nombre pensant, M. le Préfet. Je ne prends pas la majorité au poids ni les opinions à l'aune ; si j'ai une vigne à planter, une récolte à vendre, une fille à marier, ce n'est jamais d'un troupeau de dindes qui gloussent que j'irai recevoir conseil. La bête qui crie le plus fort n'est pas toujours celle qui chante le plus juste : je laisserai les dindes glousser, c'est leur droit; si elles veulent parler, je les écouterai : c'est poli; si ce qu'elles disent est utile, j'en profiterai : c'est raisonnable; mais tant qu'elles ne feront que glousser, je ne suis pas plus obligé de m'en rapporter à elles qu'à mon petit-fils qui est en nourrice. Ce n'est jamais à l'inconséquence et à la faiblesse à commander. J'entends donc par majorité la masse intellectuelle de la nation, la partie qui raisonne, qui réfléchit, qui compte, qui économise. On est toujours moral quand on compte bien; une action coupable est partout un mauvais calcul, une erreur d'addition dont, au total, on se trouve la dupe. Le négociant, le fabricant, le propriétaire, tout ce qui possède, travaille ou fait travailler, telle est pour moi la nation, le véritable peuple, le peuple légitime; l'autre n'est rien tant qu'il n'est propre à rien; il est matière, tant qu'il ne pense pas; il ne compte pas pour l'action, et ne doit pas plus être appelé à décider sur les affaires que les pensionnaires de Charenton ou les singes de la ménagerie, qui y sont tout aussi aptes. Cette partie de la nation doit donc être comprise dans celle des mineurs, et rester telle tant qu'elle est en enfance.

Traitez-la comme vos enfans, comme vos héritiers; faites tout pour elle, mais rien par elle; qu'elle prenne des habitudes d'ordre, de conduite; qu'elle s'instruise, elle s'enrichira, elle deviendra propriétaire, alors elle aura part au pouvoir.

« En indiquant la propriété pour l'échelle de la moralité, et comme la représentation de la raison, on a agi sagement : d'abord parce que la propriété suivra toujours la raison ou la moralité, et que celui qui n'a ni l'un ni l'autre cessera bientôt de posséder : on n'a jamais vu un fou rester riche ; ensuite parce que, hors de cette base, la propriété, on se perd dans le brouillard des théories, et qu'il y a toujours moins de chances d'être dépouillé par celui qui n'a besoin de rien que par celui qui manque de tout.

« L'homme qui n'a rien ne peut jamais être libre; dès que la faim le presse, il dépend du premier qui lui donnera du pain. Quelles que soient les institutions du pays qu'il habite, il n'en sent pas le bienfait. Le pauvre citoyen français est aussi esclave que le serf russe. Si un seigneur peut vendre l'un, chaque maire, adjoint, agent de police, peut faire arrêter l'autre, et tout le monde le laisser mourir d'inanition.

« L'individu non propriétaire, tant qu'il ne sait pas acquérir, est comme le condamné qui ne le peut pas; il est invalide pour gérer, puisqu'il n'a rien à gérer; il n'est pas sujet des lois sur la propriété, puisqu'il n'a pas de propriété: il ne doit donc rien administrer sur un sol où il n'a rien; car ce n'est pas ce qui est à lui qu'il administrerait, mais ce qui est à autrui; et le premier acte probable de son administration serait de s'en emparer. Or, en deviendrait-il plus riche, et serait-il pour cela propriétaire? Non, puisqu'un autre pourrait le dépouiller immédiatement. Le pouvoir naturel et légal appartient donc partout à la classe qui possède, et cela dans l'intérêt même de celle qui ne possède pas; car c'est seulement à cette condition, et par le maintien de l'ordre, qu'elle pourra posséder à son tour. Soyez donc bien convaincu, quelle que soit la constitution, monarchique, aristocratique, démocratique, qu'il n'y a dans chaque État qu'une classe d'individus qui commande, et que, pour être de cette classe, il faut jouir de sa raison, ou autrement avoir quelque chose. Toutes les théories du monde ne font autre que ceci. La liberté des non-propriétaires n'est que celle de travailler et acquérir. Jusque là, on ne peut leur donner d'autres droits, sans usurpation et empiétement sur ceux d'autrui, et par conséquent sans arbitraire, sans injustice, et sans la ruine de l'avenir de tous.

« J'ajouterai : vouloir que la société soit régie par le dernier rang, c'est faire reculer la société jusqu'au dernier rang ; c'est détruire tout motif d'émulation et d'avancement dans la hiérarchie sociale. Si le peuple est souverain en restant pauvre et ignare, il sera toujours pauvre et ignare. Mais, encore une fois, cette souveraineté des classes infimes est impossible. Le pauvre n'usera jamais du pouvoir que pour manger ; il sera toujours instrument tant qu'il restera pauvre. Quand on disait : la canaille est reine, elle n'était que dupe ; c'est toujours au nom du peuple qu'on a décimé le peuple ; au nom de la liberté qu'on l'a enchaîné ; au nom de la propriété qu'on l'a dépouillé. Les plus cruels tyrans ont commencé par flatter les mendians et par leur prêcher la loi agraire, qui, réduite à sa plus simple expression, n'est autre chose que la bourse ou la vie. Les peuples estiment beaucoup la liberté ; ils crient vive la liberté, ils meurent pour la liberté. Demandez-leur ce que c'est que la liberté, pas un ne pourra vous le dire : tâchez de le leur faire comprendre.

« Ensuite travaillez à détruire ces vains préjugés

de caste qui ne sont fondés sur aucun motif valable. Pourquoi un homme qui vend cent livres de poivre en un paquet serait-il plus considéré que celui qui en vend cent livres en cent paquets ? Pourquoi celui qui compte des écus a-t-il le pas sur celui qui les fabrique? Pourquoi celui qui salit du papier avec de l'encre est-il plus que celui qui le confectionne net et blanc avec des chiffons? Pourquoi le fils d'un pair, d'un député, n'est-il pas ébéniste ou carrossier? Et pourquoi, faisant des meubles et des voitures, ne serait-il pas pair et député, s'il est honnête, capable et propriétaire? Est-ce le travail, ou le prix qu'on en retire, qui déconsidère? Mais le président du conseil, mais le ministre plénipotentiaire, mais le général, mais l'amiral, n'est-il pas payé? Un échange de service est-il un tort? En quoi celui qui vend est-il moins que celui qui achète?

« Ces distinctions entre divers états également honorables, puisqu'ils sont également utiles, sont absurdes, et notre siècle aurait dû en faire justice. Il n'y a de honteux que l'oisiveté et la paresse. Il n'y a d'inégalité que par la différence de talent. Un tailleur habile est plus qu'un procureur général inepte.

« Examinez donc ce que vous gagneriez à vous guérir de ces superstitions sociales, à renoncer à ces démarcations routinières, à annuler ce tarif de la valeur de l'homme placé hors de l'homme, à détruire enfin ces catégories surannées, dont vous-même ne pouvez définir la cause et le but.

« Dans l'origine des sociétés, chaque famille n'a-t-elle pas fabriqué elle-même tout ce qui lui était nécessaire? et le membre qui fabriquait dans chaque famille y était-il moins estimé que celui qui ne fabriquait pas? Or, pourquoi n'en est-il pas de même aujourd'hui? Fabrique-t-on plus mal? Non... eh bien! l'on fabriquerait dix fois mieux encore, si vous honoriez les métiers comme ils doivent l'être.

« Si un père, placé dans ce que vous appelez les premiers rangs, ne dédaignait pas, en donnant d'ailleurs une bonne éducation à son fils, de lui faire apprendre une profession manuelle, quels progrès ce jeune homme instruit, intelligent, et joignant la théorie à la pratique, ne ferait-il pas faire à l'art? Pourquoi avons-nous si peu d'individus qui excellent dans l'orfévrerie, la serrurerie, la menuiserie, la sellerie? C'est parce que la plupart de ceux qui s'y livrent, hommes ou femmes, dépourvus de culture première, et d'une éducation adaptée à ces divers états, s'y adonnent d'une manière machinale; c'est que, découragés par l'opinion qui les met dans une classe inférieure, quelque habileté qu'ils puissent avoir, ils font peu d'efforts pour en acquérir.

« Cependant, ainsi que nous venons de le dire, un artisan distingué n'est-il pas aussi recommandable que celui qui passe sa vie à ne rien faire ou à faire des riens? Sans ravaler les beaux-arts, est-ce qu'un bon charpentier n'est pas plus utile qu'un mauvais sculpteur, qu'un peintre médiocre? Est-ce qu'il ne faut pas autant de travaux et de mérite pour être ferblantier, coutelier ou tourneur, que pour être lieutenant ou capitaine? et cependant l'un mangera à la cuisine, tandis que l'autre, couvert de croix et de plumes, s'assiéra à la table du roi. Qu'en résulte-t-il? L'ouvrier abandonne son état dès qu'il a acquis quelque aisance, et au lieu d'étendre ses ateliers, de former des élèves et de diriger son fils dans la même carrière, il aime mieux en faire un gratte-papier ou un traîneur d'épée. Il ne peut pas se persuader que la considération soit compatible avec sa position, et il doit le croire ainsi, puisque, quelle que soit sa supériorité dans son art, sa conduite, sa fortune même, il suffit qu'il reste artisan pour que le plus mince d'entre les commis, le plus sec de tous les légistes, croie déroger en épousant sa sœur, ou en lui donnant sa fille, ou même en faisant son piquet.

« Pourtant, si cet ouvrier a la même tenue, la même éducation, la même fortune, la même instruction, la même conduite que tel magistrat, tel officier, tel administrateur, propriétaire, artiste, ou fainéant, je ne vois pas pourquoi il ne serait pas traité de même. Dans toute association, les individus également capables doivent être également appréciés. Pourquoi un art nécessaire, si d'ailleurs il n'a rien de vil ou de repoussant, dégraderait-il un homme et mettrait-il une démarcation entre lui et cette classe?

« Je conviens bien que, dans la réalité actuelle des choses, cette distance doit exister, parce que les habitudes grossières de l'artisan, son ignorance, sa misère, le mettent réellement au dessous des classes policées; mais pourquoi est-il grossier, ignorant, débauché? c'est qu'il sait qu'il serait également dédaigné s'il ne l'était pas, ou, en d'autres termes, qu'il est le dernier à cause de son état et non de ses défauts.

« Hâtez-vous donc de lui persuader le contraire; qu'il apprenne, qu'il sache bien qu'en devenant comme vous instruit, sage et poli, il sera autant que vous, et que si à ces qualités il joint encore un vrai talent, il sera de tout ce talent supérieur à vous, qui ne l'avez pas.

« En lui accordant ainsi les égards qu'il mérite, vous l'attacheriez à sa profession, vous y attacheriez aussi ses enfans, qui, y trouvant le compte de leur amour-propre et de leur estomac, ne le chercheront pas au budget, et tant de rats affamés ne rongeront plus la vigne et l'échalas. »

Notre magistrat, exercé à la patience et accoutumé à écouter régulièrement des balivernes six heures par jour, aimait autant celles de M. Cristophe que celles d'un autre, et n'étant là à autre fin que de disséquer le bon homme, il le laissait déraisonner à son aise, en ayant soin de ranimer de temps en temps son éloquence, soit par un mot, soit par un signe de tête, bref, par tous les moyens employés dans l'instruction légale pour enferrer le patient. Quand il vit qu'il était à sec sur la liberté, il lui jeta l'*égalité*, dont la langue du bavard vigneron s'empara avec la même voracité que celle d'une portière saisit un cas de médisance. Mais il faut bien avouer qu'ici M. Cristophe ne fut pas du tout à son sujet; il ne fit que répéter ce qu'il avait dit de la liberté.

Suivant lui, les partisans de l'égalité étaient comme cet amateur de chiens qui, ayant rassemblé une meute d'espèces diverses, voulut les mettre au même régime ; il arriva que les dogues moururent de faim et les roquets d'indigestion.

Pour que les hommes fussent égaux, pensait-il, il faudrait qu'ils naquissent tous avec trente-deux dents ; qu'ils n'en perdissent pas, et qu'ils eussent la même dose de raison; encore cette égalité cesserait-elle dès qu'ils en auraient fait usage : car s'ils ne s'en servaient pas de la même manière, la conséquence les mettrait immédiatement dans une position différente.

Dès qu'il y a volonté et liberté, c'est-à-dire vie, il ne peut plus y avoir égalité. Si l'égalité morale existait, tous les hommes auraient la même pensée, ils diraient tous la même parole, ils feraient tous la même action, ils ne seraient que des machines. Le but des niveleurs n'est donc pas d'agrandir, mais de rapetisser, et on peut les mettre, comme tous les autres partisans des ténèbres, au nombre des ennemis du genre humain et de l'œuvre de Dieu.

Ici, M. Cristophe allait commencer un sermon, lorsque tout à coup il s'arrêta stupéfié. En voici la cause : ayant voulu, tout en conversant, prendre sa tabatière, il l'avait vainement cherchée dans son gilet; ayant porté la main à une autre partie de son vêtement, il l'avait trouvée également vide; étendant son investigation à chacun de ses goussets, il s'était convaincu qu'ils avaient été avant lui aussi soigneusement explorés, et que le déménagement était complet.

Saisi d'indignation de cette violation de la propriété, il fit une terrible sortie contre la police. Il prétendit que si ses agens, au lieu d'avoir l'oreille aux paroles, avaient les yeux aux actions et sur les poches des bonnes gens, les passans n'y fouilleraient pas comme dans les leurs.

« Mais aussi, mon cher monsieur, lui dit le commis d'instruction, pourquoi parler politique dans la rue? » Et avec la politesse qui caractérise son état, il laissa la colère du vigneron s'apaiser.

Quand il le vit plus calme, il lui offrit une prise de tabac, et l'interrogea doucement sur les circonstances du délit dont il se plaignait. M. Cristophe se rappela fort bien qu'il avait profité de la tabatière du médecin tout le temps qu'il était resté à la Grève, et il fut obligé de convenir qu'il n'était pas certain d'avoir la sienne lorsqu'il y était arrivé. Le magistrat le questionna alors sur les lieux où il avait été, et de conséquence en conséquence, il l'amena à avouer un incident passablement ridicule, dont notre provincial avait été le héros, ce qui ne flattait nullement son amour-propre, et dont il s'était bien gardé de parler. En passant sur la place Vendôme, il avait vu de jeunes citoyens qui semaient des fleurs et qui se mettaient à genoux. Lui, bien convaincu qu'on ne se prosternait que devant Dieu, qu'une procession allait passer, et qu'il y avait quelque bénédiction à recevoir, avait fait comme eux. Alors un de ces dévots personnages s'était approché de lui et avait orné son front d'une couronne, qui aurait pu lui paraître agréable, si, spontanément, une colonne de liquide n'était pas venue arroser les fleurs; expérience hydraulique qui avait fort endommagé sa perruque et failli de lui enfoncer le crâne.

Le pauvre vigneron semblait encore tout étourdi du souvenir de cette douche politique, et le vice-préfet crut le moment arrivé de lui faire faire une profession de foi nette et précise ; car à travers son flux de paroles il n'avait pas distingué bien positivement de quelle couleur il était.

Pour mieux tirer notre homme au clair, il pensa qu'il fallait commencer par l'amadouer et l'attendrir. Prenant donc la plus douce de toutes ses mines, il lui dit : « Vous devez être bien flatté, bien satisfait, mon cher M. Cristophe. Vous voyez que vos idées économiques sont littéralement suivies, et que l'on tranche dans le vif. »

— « Vraiment, repartit le vigneron, ils font là de belle besogne. Les voyez-vous escamoter des centimes où il faudrait couper des millions, et gaspiller cent francs pour économiser deux liards? Mais, mes bons confrères, est-ce que je vous ai dit cela? Est-ce ainsi que je vous ai prêché l'ordre? Eh quoi! au lieu de diminuer le nombre des emplois, c'est le pain des employés que vous rognez, et après les avoir affamés, vous avez l'innocence de les garder. Mais tuez-les donc. Quoi! donner les cordons de votre bourse à tenir à ceux à qui vous venez de couper la leur : autant vaudrait la confier à la banque d'Espagne. Tuez-les, vous dis-je, et tuez-les vite, sinon ils vont vous dévorer jusqu'aux os. Chaque franc que vous leur avez pris vous en coûtera mille. Dépêchez-vous donc, poussez, poussez-les dehors, noyez-les, pendez-les, faites-en ce que vous voudrez, mais ne les laissez pas une minute en place.

« Quant à ceux qui leur succéderont, croyez-moi, au nom de l'économie ne les prenez que riches, ou bien payez-les généreusement, et surtout n'allez pas leur dire sottement qu'ils n'auront pas de retraite, car soyez assuré, fussent-ils des saints, qu'ils s'en feront une qui vous coûtera vingt fois celle que vous leur auriez donnée. »

M. Cristophe avait déjà dit tout cela ailleurs; il avait aussi dit le contraire, et il le dira peut-être encore avant peu; mais ces variations ne l'étonnaient nullement: il n'y voyait qu'une suite naturelle de la plénitude des droits de l'homme et de l'indépendance de la pensée.

Cette répétition n'apprenait rien au magistrat instructeur : aussi, renonçant pour l'instant aux voies obliques, il alla droit au fait, et lui donnant à entendre qu'à la police toutes les opinions étaient libres, il lui demanda quelle était la sienne, en un mot de quel parti il était.

M. Cristophe, après un moment de réflexion, lui répondit : « Ma foi, M. le Préfet, je ne le sais point précisément; mais je vous dirai bien de tous ceux dont je ne suis pas. »

— « Voyons, » dit le magistrat.

— « 1°. Je ne suis pas du parti bonapartiste, d'abord parce que Bonaparte est mort; et comme dit le proverbe : Un homme mort ne vaut pas..; mais fût-il vivant, je n'en serais pas davantage, par le motif que Bonaparte et liberté sont les deux points les plus diamétralement opposés. Napoléon fut brave;

ce fut Hector, Alexandre, César, Gengis, mieux encore si vous voulez ; ce fut le plus grand capitaine qui ait existé; mais Dieu nous garde d'un roi grand capitaine! il est mille fois plus à craindre pour les siens que pour ses ennemis. C'est un joueur dont les sujets sont la menue monnaie ; il les dépense avec aussi peu de souci que les gros sous ; et en vérité, je n'entends pas qu'on m'estime au dessous d'une pistole. J'aime beaucoup la gloire des temps passés, la gloire dans les livres, la gloire toute faite; mais de mon vivant je ne veux pas en payer la façon. Bonaparte a établi l'ordre dans l'administration, il a amélioré la législation, il a élevé de beaux monumens: pour cela nous lui devons de la reconnaissance; mais quant à sa science militaire, ce que j'y ai gagné, c'est d'être conscrit, puis garde d'honneur, puis invalide, puis de voir mon fonds ravagé, puis écorné, et d'avoir chez moi trente Prussiens plus affamés que des satans. S'il avait aimé la France autant que la victoire, s'il avait employé l'ascendant de la conquête et le poids de son épée aux progrès de la raison, s'il avait fait pour la liberté ce qu'il a fait pour sa gloire, à quelle hauteur ne serions-nous pas aujourd'hui! quel pas l'Europe n'eût-elle pas fait vers la lumière! Quand il mit la main sur nos cœurs, ils palpitaient de jeunesse et d'indépendance, ils étaient riches d'avenir. Qu'en fit-il? Il les escompta à son profit, il exploita pour lui seul notre jeune vertu. Légataire universel des peuples et des rois, des droits perdus et des droits conquis, il hérita des victimes et des bourreaux. La révolution ne fut plus qu'un changement de dynastie. On avait un soliveau, on eut une grue. La France courba la tête sous la botte d'un soldat qui exigea pour lui seul l'or, le sang de tous, et le monopole de la raison. La presse, la parole, la pensée, furent interdites; le bras seul fut libre, libre pour vaincre. Il y eut des guerriers, et non des citoyens. L'État fut un homme, son camp fut la patrie. Cet homme voulut être grand pour lui et non pour nous; il le fut, mais ses succès furent nos calamités. Chacune de ses conquêtes devint un chaînon de nos fers, et la vie de cent mille Français le prix de chaque couronne dont il décora son front ou affubla ses frères. Fortune de héros, malheur des peuples, telle est l'histoire. Foin des grands hommes; aux grands esprits les grandes sottises, c'est la règle. La nation gouvernée par un génie est sûre qu'elle y laissera sa peau. En gouvernement, j'aime un bon bourgeois, un bon paysan comme moi; avec lui la lance des cosaques ne servira pas de foret à mes futailles, et il ne vendra pas mes échalas pour acheter des oripeaux.

« N'ayant pas été du parti du père, il n'est pas probable que je sois jamais de celui du fils. Moi, vieux chrétien, quand il s'agit de choisir un patron, j'aime les gens de ma chair, le sang de mon sang: or mon sang est tout français, et je n'en vois pas dans les veines de celui-là. Demi-Autrichien par la naissance, il l'est devenu tout entier par l'éducation. C'est un élève de la sainte-alliance, un nourrisson de M. Metternich de Loyola, et je ne me soucie pas des présens de sa main diplomatique, d'après un proverbe latin fait tout exprès pour la circonstance.

« 2°. Je ne suis pas du parti de ces braves ganaches, honnêtes imbécilles, dits *ultras*, qui depuis quarante ans n'ont pas manqué une sottise, quand il y avait possibilité de la faire. Leur royalisme a été le fléau de la royauté; il a conduit Louis XVI à l'échafaud, Louis XVIII à Gand, et Charles X à Holy-Rood. Ils ont été les mauvais génies des Bourbons, les artisans de toutes les fautes qu'ils ont faites et qu'ils feront; ils les poursuivront en Espagne, à Naples, en Angleterre, et leur funeste amitié, leur fidélité de vampire ne cessera d'obséder cette famille infortu née qu'ils ne l'aient rendue caduque jusqu'à sa dernière génération. Jacobins, Marseillais, républicains, carbonari, Russes, Anglais, Autrichiens, Parisiens, vos piques, vos sabres, vos poignards, vos échafauds, vos canons, vos pavés, vos barricades ont fait mille fois moins de mal aux enfans d'Henri IV que la langue des commères. Charles X, comme Louis XVI, honnête homme et bon père, eût été un roi sage, un roi français, s'il ne les eût pas crus. Ses intentions furent toujours pures : la haine la plus acérée ne peut lui reprocher une injustice personnelle ; s'il fut aveugle et faible, ses fautes, ou plutôt ses malheurs, sont leur ouvrage.

« 3°. Je ne suis pas du parti adolescent, du parti froidement enragé, ingénument atroce, qui prétend replacer Marat dans le temple et déifier Robespierre. Honnêtes jeunes gens, car de pareilles idées n'ont pu entrer que dans de jeunes et pauvres cervelles, si vous voulez vous exercer dans le paradoxe et la controverse, faites-nous l'éloge du loup, prouvez-nous l'utilité de la peste et l'agrément de la fièvre, mais n'allez pas chercher vos sujets à l'étable. Marat et Robespierre étaient non seulement des êtres cruels, mais des êtres ignobles ; lisez leur vie, étudiez leurs discours ; à quelques phrases près, vous n'y verrez pas une idée généreuse ni originale. Ils ont ressassé et gâté tout ce qui avait été dit avant eux ; ils en ont fait un emploi faux : c'étaient les Escobards, les Patouillets, les Nonottes de la Convention ; c'étaient des fouines, dont le rôle s'est borné à lécher la guillotine et flairer les cadavres. Certes il y a eu de grandes et dramatiques figures parmi les séides de la révolution ; mais celles-là même je ne les ressusciterais pas. Croyez-moi, mes jeunes frères, croyez-en un ami des enfans, le rôle des Clodius, des Omar, des Dominique n'est ni à imiter ni à envier ; il n'est pas plus permis de verser le sang au nom d'un homme qu'au nom de Dieu, et, de toutes les mauvaises bêtes, la plus à craindre est le fanatique.

« Et puis, quelle idée voulez-vous qu'on prenne du gouvernement que vous proposez ? Que peut attendre ce peuple de votre amitié, quand vous ne révérez rien de ce qui est sacré, quand vous insultez à la loi, à la justice en plein tribunal ; quand vous défendez votre cause du même ton et dans les mêmes termes que des filous ivres ? Quelle que soit l'opinion, il faut que la justice soit respectée, et nulle part elle n'est plus respectable qu'en France : la vénalité y est inconnue, la partialité y est rare. Vos injures, vos diatribes ont révolté les hommes de tous les partis, et fait croire à plus d'un que vous étiez mandés là pour avilir notre indépendance.

« Qu'il n'y ait dans votre fait qu'ignorance, que jactance, c'est possible ; mais je ne vous en regarde pas moins comme les plus dangereux adversaires de cette liberté dont, pour notre malheur, vous vous êtes faits les trompettes. Mieux vaut un franc ennemi qu'un sot ami, dit Sancho Pança. Grande vérité ! Les bravaches et les perroquets sont rarement bons à quelque chose. J'aime mieux un fou original qu'un copiste maladroit, et je ne trouve rien de si ridicule qu'un singe qui tient le poignard et se fait appeler Brutus.

« 4º. Je ne suis pas du parti brouillon, c'est-à-dire de ceux qui démolissent, qui proposent toujours de détruire, et qui n'ont jamais rien à mettre à la place : c'est encore là une fraction du mouvement, mais du mouvement des écrevisses ; c'est une nouvelle espèce d'obscurantins, pire que l'ancienne; car au moins ceux-ci, en regrettant les guenilles du vieux temps, voulaient quelque chose, et ceux-là ne veulent que brouiller les cartes et pêcher en eau trouble. Ils nous jettent continuellement à la tête des phrases où nul ne voit goutte, et qui ressemblent à la drogue qu'on verse dans la rivière pour endormir le poisson. A les entendre, il faut de nouvelles garanties, de nouveaux droits, de nouvelles institutions; il faut enfin tout ce que nous avons conquis, tout ce qu'on nous a promis. Et quelles sont ces garanties, ces institutions? qu'est-ce que nous avons conquis? qu'est-ce qu'on nous a promis? C'est ce qu'ils ne nous disent pas; et si on le leur demande, ils voient la contre-révolution. Ils veulent qu'on destitue tout le monde et qu'on leur donne toutes les places; et pour cela faire, ils intriguent, ils dénoncent, ils gémissent, ils pleurent, ils sanglottent; car, ayant essayé de tous les rôles, ils savent tout faire; et quand la tourbe est sur la place, ils ont toujours une mèche dans la poche pour l'allumer.

« Et puis, avec un cœur de poule, nous montrant un bec d'aigle, ils crient contre tout ce qui a été, contre tout ce qui est, contre tout ce qui sera. Eh! criards, ne savez-vous pas que tout blâmer, c'est ne blâmer rien? que, prétendre que tout va mal, c'est presque assurer que tout va bien? Et comme tout ne va pas bien, tant s'en faut, vous êtes, ne vous déplaise, les plus fermes soutiens des abus; car ceux que vous signalez cessent par cela même de paraître tels; et vous avez raison de façon qu'on est toujours tenté de vous donner tort. C'est ainsi que les petits journaux, à force de souffleter certaines faces, ont fini par y intéresser le public, qui, sans cela, ne s'en serait jamais soucié. Persécutez, en France, et vous êtes sûr de faire un parti au persécuté.

« Ensuite, par quelle malheureuse combinaison vous voit-on toujours prêts à déconsidérer la patrie? Êtes-vous Anglais ou Français? Êtes-vous nos mandataires ou ceux de nos ennemis? Est-ce pour eux ou pour nous que vous siégez, que vous parlez, que vous écrivez? J'en appelle à tout homme de bonne foi, est-il, dans une seule des cavernes diplomatiques de l'Europe, dans un seul des cabinets antisociaux de la sainte-alliance, des langues aussi nuisibles à leur pays et à la cause des peuples que certains d'entre vous? Est-il une mesure utile, large, généreuse, que, jusqu'à ce jour, vous ne vous soyez efforcés de discréditer, avant même d'en connaître le plan, le but, le résultat? Est-il un seul monument qu'on puisse édifier à la gloire de la nation, quand vous, fainéans, vous, hommes de proie et de chicane, n'êtes occupés qu'à jeter des pierres aux travailleurs, et ramasser de la boue pour en couvrir les citoyens?

« Quel bien peut-il jamais résulter de cette exagénération de nos misères, de cette révélation de nos torts, vrais ou supposés, envers les étrangers? Êtes-vous leurs ambassadeurs, les avocats chargés de défendre leurs droits contre les nôtres? Vous, monsieur un tel, du Nord ou du Midi, de la Brie ou de la Champagne, Gascon ou Normand, si vous êtes le représentant du Portugal, de la Romagne, de la Suisse ou de la Pologne, vous ai-je donné ma voix pour vous entendre déblatérer du matin au soir contre moi, votre commettant, et m'offrir en holocauste à quelque magnat qui s'en moque? Un Lapon, un Chinois, qui liraient nos débats parlementaires, ne seraient-ils pas en droit de demander : « Que veulent ces parleurs si animés contre leurs concitoyens et les institutions de leur patrie? Sont-ils vendus à ses adversaires ? sont-ils poussés par une haine frénétique, ou sont-ils fous? » Non, ces hommes ne sont pas soudoyés; non, ils ne haïssent pas; non, ils ne sont pas fous : ils ne sont qu'avides et égoïstes; ils n'ont qu'un but, qu'une pensée, qu'un désir, et ce désir, ce but, cette pensée, c'est d'être ministres; et comme, pour l'être, il faut renverser ceux qui le sont, ils critiqueront tout, ils attaqueront tout, à tort et à travers, jusqu'à ce que leur ambition soit satisfaite : c'est là leur opinion, leur cons cience. Pour être ministres, ils embraseront l'Europe, ils feront égorger nous et nos enfans. Que dis-je, les nôtres? ils égorgeront les leurs; car ces hommes ne sont ni pères, ni époux, ni frères; ils sont eux, eux sans morale, sans humanité; eux obscurs, incapables, cacochimes, eunuques qui veulent dominer en dépit de la nature, et qui, pour y arriver, dissiperont jusqu'à notre dernier écu, jusqu'à la dernière once de notre chair.

« Penseurs modestes, raisonneurs désintéressés, vous tous, honnêtes ouvriers, ou propriétaires, fuyez les bons amis qui vous flagornent, qui vous donnent raison quand vous avez lapidé les soldats, emprisonné les préfets, chassé les généraux et foulé aux pieds les lois : tout ce qu'ils vous diront prouve seulement qu'ils sont éligibles dans votre arrondissement. C'est à cause de cela qu'ils mentent et vous trompent; et ils mentiront et vous tromperont toutes les fois qu'ils y trouveront leur compte; mais vous ne trouverez jamais le vôtre à troubler l'ordre, à vous armer contre vos concitoyens et à déchirer la patrie. Ayez des armes et du courage pour elle et non contre elle. En agissant comme vous avez fait, vous avez très mal agi; je vous le dis, et vous le dirais encore si j'étais votre élu, parce que mon devoir serait de vous faire du bien et non de vous faire plaisir.

« Je vous le répète donc, réunissez-vous contre les brouillons ; repoussez-les de toutes les candidatures. Ne voyez-vous pas qu'ils ne sont aptes qu'au mal? Ne voyez-vous pas que, parvenus au pouvoir, ils n'y apporteront que déconsidération et impuissance? Qu'attendre de menteurs, d'intrigans qui, dans l'ingénuité de leur cynisme, ne cachent pas même où ils tendent, et qui vous disent qu'ils enrayeront tout jusqu'à ce qu'ils aient un portefeuille? Eh! bon Dieu, qu'en feront-ils de ce portefeuille? Occupés qu'ils seront à se défendre contre d'autres vampires, ils le jetteront à leurs commis, et se borneront à se carrer, en collet brodé, dans l'ornière de leurs prédécesseurs. Savez-vous qu'ils ont une faim, une soif inextinguibles? que rien ne peut les satisfaire, ni ce qu'on leur donne, ni ce qu'ils prennent? Gargantua n'était qu'un petit mangeur auprès d'eux. Ils mangeraient la chambre, les bancs, les banquettes. N'entrez pas dans leur cuisine, car ils vous mettront au pot. Oui, vous passerez par leur ventre.

« Ah! pour l'amour de vous, gens du bon Dieu, ne donnez pas votre voix aux ogres. La médiocrité, avide et ambitieuse, est le chancre des États libres.

Point de fricoteurs, point d'endettés pour la conduite de nos affaires; car je ne vois pas pourquoi ceux qui n'ont pas su compter pour eux compteraient mieux pour nous.

« Et pour écarter de vous-mêmes la tentation, décidez, si vous avez voix au chapitre, qu'aucun député, fût-il le sage Salomon en personne, ne pourra devenir ministre ni occuper un emploi, ni accepter une faveur quelconque pour lui ou les siens pendant tout le temps qu'il sera à la chambre, et encore pendant les cinq ans qui suivront le jour où il l'aura quittée. C'est seulement ainsi que vous pourrez avoir des hommes indépendans et à l'abri de leurs passions et de celles des autres. Un député qui demande n'importe quoi, n'importe pour qui, est un mauvais député. Comment contredire un ministre devant qui on est à genoux tous les jours? et comment ce ministre peut-il donner les places aux plus dignes, s'il lui faut ces places pour acheter la voix de monsieur tel ou tel? C'est alors le contribuable qui paie le vote du député et qui a un mauvais administrateur, pour soutenir un mauvais ministre et faire passer une mauvaise loi. Faites donc ce que je vous dis, si vous voulez avoir des sessions vraiment utiles et que 32 millions de Français ne soient plus escomptés au profit de quelques médiocrités avides d'or et de places. »

Le bon homme s'arrêta tout essoufflé ou peut-être effrayé lui-même de sa colère, et sentant qu'il avait mis un peu trop d'épices dans sa sauce; mais, comme j'en ai déjà averti, il y a, dans son menu, à prendre et à laisser, et je prie le lecteur de ne pas se formaliser, car je déclare que pas un de ces reproches, pas plus que ceux qu'il pourra ajouter, ne me paraît fondé.

Je regarde également comme injustes les injures qu'il adresse aux avocats, parce que je les considère tous comme sans ambition, sans intrigue, aimant la décence parlementaire, l'ordre et la paix, ainsi qu'on a pu s'en apercevoir depuis notre dernière révolution; époque à dater de laquelle, se bornant à la défense de la veuve et de l'orphelin, ils ont refusé toute espèce de place et de cordon, et toute intervention directe ou indirecte dans les affaires, les nominations, les organisations, les élections; ce que je suis bien aise de rappeler ici, de peur que M. Cristophe, dans la grande antipathie qu'il leur porte depuis son procès, ne se permette de dire le contraire. Cette explication donnée, laissons-le continuer : nous en étions aux médiocrités avides d'or et de places.

« A leur suite, et comme variété du genre, poursuivit le vigneron, sont ceux qui ne cherchent pas précisément du pouvoir et de l'argent, mais qui veulent qu'on parle d'eux, et qui calculent toujours leur opinion sur l'effet qu'elle pourra produire. De tous les ennemis publics, si ce ne sont pas là les pires, ce sont au moins les plus facheux, car avec du pouvoir et de l'argent, on arrête momentanément les premiers; mais quant à ceux-ci, il est absolument impossible de les faire tenir en repos : ils ressemblent aux poulets qui remuent sans cesse pour faire de la poussière. On les chasse, ils reviennent; on leur crie qu'ils incommodent, ils remuent encore, ils remuent toujours. Ainsi font ces gens. Il est d'ailleurs inutile de les sermonner, de les médicamenter; ils ne guérissent pas en ce monde; et si vous les consultez, ils vous diront qu'ils sont les sommités de l'époque, les hommes historiques, la gloire du pays. En vain vous hausserez les épaules, ils n'en démordront pas.

« Leurs analogues en province, ou la variété n° 3, est la classe de ces bourgeois conquérans, de ces Achilles plumitifs, tyrans départementaux qui se croient les marquis de la révolution. Après avoir protesté vingt ans contre les dédains de l'aristocratie, ils font aujourd'hui les superbes avec nous, pauvres laboureurs et détaillans. Le marchand de bougies ne veut pas saluer le marchand de chandelles, et tel praticien de village, devenu substitut du procureur du roi, est plus fier qu'un président à mortier. Au *froufrou* de sa robe noire, il semble que nous devons tous nous agenouiller. Il ne connaît que deux ordres dans l'État, les avocats et les cliens; aux premiers les épaulettes et l'insolence, aux seconds la patience et le mousquet. Conseils généraux, communaux, municipaux, commissions, comités, jurys, il est de tout, il est à tout, et partout il avocasse, caquette, clabaude, embrouille et se gonfle. Publiciste dont la vue s'étend juste aussi loin que la queue de sa simarre ou l'angle de son comptoir, il vous entretient de ses petites passions, de ses petites affaires, de sa petite famille, de sa petite santé, et des grands dangers qu'il a courus sur la place, où l'on a voulu le battre. Dans son émoi, il voit partout des complots, des conspirateurs et des poignards; il veut pendre les gens pendus, bannir les gens bannis; il demande des lois d'exception, des traques domiciliaires, des mandats d'amener, des cordes, des menottes.

« Quel est le vice de celui-là? Est-il avide, ambitieux? Non. A-t-il peur? Pas davantage. Quel est donc son mal? Je vous le dirai : c'est une maladie que personne n'avoue, maladie dont on ne guérit pas, maladie honteuse et qui affecte les ames rabougries et incomplètes... l'envie!! Oui, voilà la maladie de la province, le choléra de notre petit magistrat, de notre petit auteur, de notre petit industriel, bourgeois tracassier, persécuteur d'arrondissement, qui ne sait ni monter ni descendre, et se blesse à tout ce qui l'entoure. Qu'a-t-il encouragé, honoré depuis qu'il est quelque chose? Sont-ce nos généraux illustres, nos orateurs instruits, nos capitalistes éclairés, nos administrateurs habiles? Non : partout le mérite, le talent, la réputation ont été l'objet de ses attaques, et ce n'est pas tout. Un voisin a-t-il une table un peu mieux servie que la sienne, une femme un peu plus propre, une maison un peu mieux peinte, il fera immédiatement du voisin un privilégié, un ennemi public; et s'il a un *du* ou un *de* devant son nom, il sera un d'Elbée, un Charette, un Larochejacquelain qu'il faut mettre en surveillance, et expulser des élections, des mairies, des municipalités, qu'on doit poursivre, vexer, humilier; c'est là sa grande affaire, là est le salut de l'État; il n'y épargne ni soins, ni frais, ni démarches. La noblesse est sa bête noire, son grand croque-mitaine, et on ne peut trop faire pour l'anéantir. Et pourquoi, mon ami, ne veux-tu pas de noblesse? en quoi la trouves-tu nuisible? Moi je soutiens qu'elle est nécessaire, et qu'aucune machine sociale, aucune foule organisée, aucun gouvernement libre ne peut exister sans elle. »

Ici le magistrat instructeur, fronçant le sourcil, redoubla d'activité dans ses notes. « La noblesse, continua notre vigneron seigneurial, est le seul moyen de durée que puisse avoir un peuple; c'est le lien qui le retient en corps de nation. Pour savoir quelle est votre patrie, il faut d'abord connaître quel est votre père : le respect des aïeux est un principe éminemment conservateur de toute sociabilité, de toute morale. Vouloir qu'un homme ne soit pas fier du nom de son père, quand ce père a été un artiste habile, un savant distingué, un magistrat intègre, le défenseur ou le bienfaiteur de sa patrie, c'est repousser un des plus beaux sentimens de la nature et un des plus utiles. C'est ce sentiment qui non seulement maintient les États, mais qui, le premier, les a formés; il n'est pas de peuple assez sauvage chez lequel il n'existe; et l'Américain primitif, au milieu de ses forêts, est aussi fier de ses ancêtres que le duc le plus féodal du faubourg Saint-Germain. Un homme qui connaît le nom de ses pères désire le transmettre intact à ses enfans ; cet homme a un frein qu'il n'aurait pas s'il était isolé et inconnu. En lui, est un de ces principaux aiguillons de l'honneur et de la vertu : il restera donc plutôt qu'un autre dans la voie du bien.

« Chez tous les peuples libres et guerriers, les Grecs, les Romains, les Scandinaves, les Francs, l'amour des aïeux a fait partie des lois et des devoirs. Chez les peuples enchaînés, il n'y eut jamais qu'un despote et des esclaves.

« Prenons parmi nous le plus ardent adversaire de la caste noble : s'il a un cœur d'homme dans sa poitrine, il ne souffrira certainement pas qu'on rabaisse la mémoire de ses parens. Dites au fils d'un cordonnier que son père était savetier, il se fâchera; et toutes les raisons que vous pourrez lui donner ne l'empêcheront pas de croire que le fils d'un bon cordonnier est plus respectable que celui d'un mauvais. La haine de la noblesse n'existe donc réellement nulle part; on ne repousse que le privilége ou les prétentions injustes et usurpées.

« Tout Français, quelle que soit sa qualité, doit être admissible aux emplois; les droits de tous sont égaux. Point de distinctions nées; les seuls titres sont l'instruction, l'ancienneté, l'aptitude, le mérite; ainsi le veulent la Charte et la raison; mais si la naissance n'est pas un motif d'admission, ce ne doit pas être non plus une cause d'exclusion. Avant la révolution, nul ne parvenait à certaines fonctions s'il n'était noble; pendant la révolution, il était repoussé de toutes s'il l'était. Sous la dénomination de certificat de civisme, on lui demandait un brevet de roture. Or, pourquoi un homme était-il plutôt apte à une chose parce qu'il était roturier que parce qu'il ne l'était pas? C'est ce qu'il eût été bon de dire.

« En 1830 on vit paraître une nouvelle espèce de privilégiés; ils se prétendaient conspirateurs, ou fils de conspirateurs, et ils réclamaient tous les hommages, tous les titres, même ceux d'amputés. Puis sont venues les robes noires, qui ont voulu être les Francs et nous traiter en Gaulois. La poudre qu'avait brûlée le peuple de juillet les avait ennoblis; la savonnette de ces nouveaux gentilshommes valait celle des anciens.

« Pour moi, la noblesse et le droit ne sont pas là. Nous sommes déjà trop loin de la conquête pour qu'on puisse nous diviser en vainqueurs et en vaincus. Robe noire ou jupon blanc, qu'importe! l'habit ne change rien à la peau ; une selle ou un bât ne transforme pas la bête; des sabots ou des éperons, une veste de bure ou un manteau de pourpre, une tribune ou une échoppe, le salpêtre brûlé ou celui en baril, ne font ni le genre ni l'espèce. Je n'en vois que deux parmi les hommes : les honnêtes gens et les fripons, ou, en d'autres termes, les gens qui raisonnent et ceux qui ne raisonnent pas. Quoi qu'on fasse, les premiers seront toujours les gentilshommes, les autres seront toujours les vilains.

« Mais pour qu'il y ait le moins de vilains possible, je veux que l'on constate ceux qui ne le sont pas ; je veux que leur nom, leur histoire, soient conservés ; je veux que chacun ait ses traditions, ses exemples de famille : qui aime sa mère aime son pays. Les souvenirs des aïeux sont les archives des peuples et la généalogie du monde. Que chacun ait donc la sienne ; qu'il conserve le nom et l'histoire de ses pères ; qu'il les montre, qu'il les affiche même sur sa porte, je n'y vois rien de ridicule. La généalogie vraie d'un meunier est aussi respectable que celle de Charlemagne, et, ainsi que Charlemagne, il doit la léguer aux siens pour première fortune. Quant à moi, pauvre homme, j'ai la mienne, et j'en suis fier, parce que mes pères étaient d'honnêtes gens, et que j'espère qu'à leur exemple mes enfans le seront aussi. »

M. le vice-préfet se mordit les lèvres d'envie de rire, et il était prêt à saluer le bon homme du nom de M. de Cristophe; mais il se contenta de lui demander s'il était du sang royal d'Haïti et parent du feu roi Christophe; ce à quoi notre industriel répondit gravement que non, mais qu'en tout cas il n'avait nulle prétention à cette couronne, ni à d'autre, parce qu'il aimait trop sa liberté.

« Si vous voulez des nobles, vous voulez des titres, lui dit le magistrat. » — « Je n'y vois point de mal, répondit le vigneron, pourvu qu'ils ne soient pas volés : c'est un héritage de famille ou une récompense personnelle; dans l'un ou l'autre cas, c'est une propriété, et toute propriété est sainte. Je ne sais pas pourquoi le fils aîné d'un duc ne s'appellerait pas duc : aucun privilége n'étant attaché à cette qualification, ce n'est plus qu'un nom, qu'un mot, qu'un souvenir, comme Montmorency, Crillon, Turenne, Corneille, Pierre ou Thomas. Le fils doit se nommer comme son père : à chacun ce qu'il a. »

— « Si vous demandez l'hérédité des titres, vous auriez sans doute voté pour celle de la pairie? »

— « Je vous ai déjà dit, M. le Préfet, que je ne

voulais pas de privilége. Les places appartiennent à tous, et ce qui est au public ne peut être l'héritage particulier; et puis, il ne s'agit pas seulement ici de posséder, il s'agit d'administrer; et une élection, une nomination quelconque, présente toujours plus de garantie de capacité que le hasard. Donner les premières magistratures à la naissance, autant vaudrait les jouer à rouge ou noire, et cela serait plus équitable. D'ailleurs, en laissant les emplois dans la même famille, vous y créeriez tôt ou tard, par l'habitude du pouvoir, par l'amas des richesses, des prétendans à la souveraineté, par conséquent des fauteurs de guerre civile, des boute-feux, des bourreaux de la patrie. C'est pour empêcher ces petits tyrans de naître que vous devez proscrire l'hérédité de la pairie. »

Nous avons déjà eu lieu de remarquer que M. Cristophe se renfermait rarement dans la question, et qu'il faisait un fréquent usage de la divagation, l'une des figures les plus usitées de l'éloquence moderne, notamment dans les débats parlementaires, où chacun peut tous les jours apprécier son utilité et le grand bien qu'en retire le pays. Le magistrat, soit qu'il fût partisan de cette partie de la rhétorique administrative, soit qu'il n'eût en vue que les devoirs de son état, ne gênait en rien M. Cristophe dans son vagabondage politique : aussi, de la noblesse il le laissa sans sourciller passer aux décorations.

Le vigneron-philosophe assurait que c'étaient de vrais jouets d'enfant, mais dont on aurait tiré parti en les distribuant à propos. C'était un moyen d'économie, puisqu'avec un ruban de 30 centimes on pouvait satisfaire un homme tout aussi bien et quelquefois mieux qu'avec une grosse somme. Mais, suivant lui, pour que les croix ne fussent pas à la baisse, il fallait en donner peu, et jamais légèrement; il fallait qu'elles fussent toujours le prix de longs services, de belles et bonnes actions et d'un mérite bien connu, et non une prime pour l'intrigue ou un dédommagement administratif pour l'honnête incapacité.

Il aurait désiré en outre qu'elles fussent dégagées de promesse, de serment, de tout engagement spécial, afin que rien dans un cordon ne pût ressembler à un licol. Toutefois il trouvait déplacé que ceux qui en avaient demandé lorsque les conditions de leur obtention étaient tracées par les lois, réclamassent ensuite contre ces conditions; il les comparait aux enfans qui crient pour avoir du sucre, et qui ne veulent pas dire merci.

Des décorations il arriva enfin à son numéro quinto. Selon les catégories qu'il s'était faites, ce cinquième point concernait les doctrinaires. Le brave homme, qui, comme beaucoup d'autres, admirait toujours ce qu'il ne comprenait pas, avait l'air de pencher vers ce juste milieu, et le magistrat allait le noter en conséquence, lorsque, sans doute pour n'avoir pas à se reprocher d'avoir dit du bien de quelqu'un, ou par jalousie de métier, notre marchand de vin les traita d'idéologues, de bavards, de songe-creux. Il dit que le bon sens n'avait pas de milieu; qu'une chose était vraie ou fausse, c'est-à-dire bonne ou mauvaise; que la vérité était absolue; qu'il ne connaissait ni de demi-vérité ni de demi-mensonge; « Et la vérité, s'écria-t-il, je l'aime partout, sur la terre comme au ciel, à gauche ou à droite. Doctrinaires, ministériels, ultras, avocats, royalistes, bonapartistes, eussent-ils cent fois tort, peuvent avoir une fois raison; car il n'est pas si méchante langue qui ne puisse dire une bonne chose, ni de si mauvais livres où l'on n'apprenne à lire. Si l'homme n'a pas encore trouvé le meilleur gouvernement, il le trouvera, pourvu qu'on permette à chacun de le chercher dans sa tête ou sur le papier. Je suis pour la *Gazette* quand elle dit à ma guise, et pour le *Courrier* quand il parle comme moi; il n'est pas même jusqu'au ministre pour qui je ne sois quand il agit à ma façon. Que cela déplaise à tout le monde, peu m'importe, pourvu que ça me plaise, à moi? En fait de livrée, je suis de la mienne, et je pense comme je l'entends, parce que ma pensée est mon bien, et que je n'en dois compte qu'à Dieu. »

Là-dessus le magistrat fit une moue si redoutable que M. Cristophe, presque involontairement, ajouta: « Et au commissaire de police de mon quartier. »

Après avoir fait ainsi la confession générale de ses opinions, qu'il regardait comme très orthodoxes, M. Cristophe commençait à avoir besoin de prendre l'air, et il avait déjà ressaisi son chapeau, lorsque le juge instructeur, dont tout le système de classification était dérouté, et qui d'ailleurs avait d'autres projets, le lui fit déposer doucement, et lui dit qu'il désirait encore le consulter sur quelques points; il lui demanda s'il n'était pas républicain.

M. Cristophe, après un instant, lui répondit qu'il n'en était pas parfaitement sûr, mais qu'en y réfléchissant, cela pourrait bien être. En effet, poursuivit le magistrat, rien ne serait plus agréable qu'un pays où tout le monde commanderait, s'il y restait quelqu'un pour obéir. Et moi, dit le vigneron, je préférerais celui où tout le monde obéirait, sans que personne commandât; car cela prouverait que la loi y est bien exécutée, et c'est ainsi que j'entends la république. Et puis que le chef de l'État s'appelle empereur, roi, président, consul, maire ou bailli, cela m'est égal, s'il n'a de pouvoir que par la loi et pour la loi, s'il ne mange que ce qui lui appartient ou ce que je lui donne pour sa peine, et surtout s'il ne m'oblige à rien d'inutile ou de ridicule, tel que parades, grimaces, flagorneries, toutes choses auxquelles les marchands de vin ne sont nullement propres, et pour lesquelles il existe des comédiens royaux ou nationaux qui en font leur état. »

— « Quoi, M. l'indépendant, vous voulez une république avec un chef suprême ; un empereur, un roi? »

— « Pourquoi pas? quand la cuisine est bonne, je ne m'informe pas qui fait la sauce. Un cuisinier vaut trois marmitons, et j'aime mieux nourrir un bon mulet qui peut me porter et tirer la charrette, que cinq ânons qui mangent comme des lions et ne font pas l'ouvrage d'une puce; et, si ce que j'ai lu dans un gros bouquin est vrai, sur vingt espèces de républiques qu'on m'a dit exister depuis la plus lourde tyrannie jusqu'à la plus pure anarchie, il y en a dix-neuf dont je ne me soucierais pas. A Athènes, tout le monde parlait à la fois, c'était comme chez nous. A Sparte, on mangeait à la même auge, et l'on chassait les poètes et les musiciens, gens qui, en tous temps, ont fait prospérer le commerce de vin. A Venise, il fallait quatre quartiers de noblesse pour penser, et j'y ai entendu parler d'inquisiteur, du conseil des Dix, du pont des Soupirs et des gondoles à soupape. Et puis là, comme à Rome, le pouvoir résidait dans quelques familles qui le tiraillaient pour en avoir la plus grosse part, et il ne restait à la nation que l'aumône qu'elles lui donnaient à la porte de leurs palais. On m'a dit qu'il en était encore de même en Angleterre, où les droits politiques des classes inférieures se bornent à jeter de la boue aux agens du gouvernement, qui, moyennant cette charge, peuvent les écorcher à leur guise et les faire pendre aussi souvent que cela leur est agréable. On m'a assuré aussi que dans la république américaine, que d'ailleurs j'aimerais assez, si l'on m'assurait pour chaque cinq ans un Washington, on vendait les hommes tout aussi publiquement que les vaches chez nous.

« En définitive, je crois que la république française, telle qu'elle existe en 1832, vaut autant qu'aucune de celles ci-dessus; il ne s'agit plus que de l'entourer de supports qui assurent la durée de l'édifice. Nous sommes sur le terrain; encore quelques pierres aux angles, et nous aurons une construction aussi solide, une distribution aussi bonne, aussi bien entendue *que le permettent les matériaux humains.* Alors il ne nous restera plus qu'à retrancher la moitié de nos dépenses, les trois quarts de nos impôts, et les cinq sixièmes de nos lois, c'est-à-dire toutes celles inutiles, absurdes, inexécutables et inexécutées. Cela fait, quand tous les monopoles sur la pensée, sur l'industrie et le commerce, tous les droits abusifs, excessifs et prohibitifs, tous les corps créés pour accrocher, enrayer, entraver, empêcher la besogne, notamment tous les mauvais génies destructeurs de nos routes, canaux, ports, bassins et travaux, seront supprimés; quand la nation aura remporté la victoire sur la bureaucratie de terre et de mer, qui, malgré dix-huit années de combats, trois changemens de dynastie, vingt de système et cent de ministère, règne encore sur la France, les chambres, les lois et le bon sens tout aussi despotiquement que Mahmoud sur ses icoglans, et le docteur Francia sur ses malades, alors, dis-je, nous serons, en pratique comme en théorie, le peuple le plus heureux de la terre, et le vin sera toujours vendu avant la récolte. »

Après cette phrase éloquente, M. Cristophe respirait, quand une sonnette se fit entendre, et le chef courut avec empressement où l'appelait ce bruit accoutumé, ce qui étonna le vigneron, qui ne pouvait deviner quelle était l'autorité supérieure de l'hôtel qui sonnait un préfet.

Un quart d'heure après, le magistrat rentra ; le sourire avait disparu de ses lèvres, il avait tout-à-fait l'air de mauvaise humeur, et il en avait sujet : on venait de lui donner l'ordre de relâcher immédiatement son patient. Ses démarches, ses questions, sa politesse, ses notes devenaient inutiles ; il avait perdu son temps, son papier et l'honneur d'un rapport si longuement et si savamment élaboré, circonstance toujours désagréable pour un administrateur aimant son état et zélé pour le bien public.

Pensif, il feuilleta les documens qu'il avait devant lui, pour voir s'il n'y verrait pas quelque biais constitutionnel, par lequel il pût éluder l'ordre qu'il avait reçu et prolonger l'arrestation ; mais il n'y trouva rien, absolument rien ; il jeta alors un regard de regret sur le prisonnier comme sur une propriété qu'on lui ravissait, et il lui dit brusquement qu'il pouvait se retirer; mais le bon homme, qui avait repris haleine et qui ne se trouvait jamais mal où il pouvait babiller, n'avait déjà plus envie de partir; il avait encore trois ou quatre questions en tête, et dans ce moment il aurait jasé dans le palais du Roi.

Le magistrat, qui s'en aperçut, en éprouva quelque soulagement; il lui fit, en le conduisant vers la porte, une verte remontrance sur l'*inconvénient* des propos, et il lui démontra clairement que cela ne pouvait mener à rien de bon un marchand de vin.

M. Cristophe écouta la semonce d'un air contrit, et en profita bien, comme nous le verrons ci-après.

# Tribulations

DE

# M. CRISTOPHE.

COMMENT ET PAR QUELLE CIRCONSTANCE

# M. CRISTOPHE

## Éprouva une grande persécution.

M. Cristophe, libre de tout embarras politique, attendait dans une paix profonde la liquidation de sa créance, lorsqu'il se souvint du rendez-vous que lui avait donné son compatriote le comédien. Comme il était de parole, et qu'il se reprochait peut-être d'avoir quitté si brusquement un homme qui lui faisait amitié, il se rendit scrupuleusement à l'endroit où il l'avait attendu la première fois; il s'assit sur la même chaise, et l'attendit encore.

Une heure, deux heures, trois heures s'écoulèrent; personne ne parut.

Assez décontenancé, car il avait compté sur une bonne prise de langue, il eut l'idée d'aller le chercher à son théâtre ; mais la nuit approchant, il craignit que la politesse ne l'obligeât à assister à quelque œuvre tragique ou concertante, chose pour laquelle il avait conçu une aversion singulière depuis la représentation dont nous avons parlé. Il prit donc le parti de retourner chez lui, où il trouva l'explication de l'absence dudit ami.

C'était un billet de faire part qui lui annonçait sa mort, avec invitation à son enterrement ; le tout en beaux caractères d'*anglaise*, imprimé sur papier vélin. Le bon homme s'en émerveilla, car il savait que l'élève de Melpomène n'était rien moins qu'à son aise, et il ne pouvait s'imaginer dans quelle bourse il avait trouvé le papier, les cierges et les prières.

Or, il était arrivé là ce qui arrive souvent ailleurs : l'orgueil l'avait emporté sur l'avarice, et les confrères du défunt, qui ne lui auraient pas donné une obole pour le faire vivre, s'étaient cotisés pour le faire enterrer.

Le lendemain, M. Cristophe mit son habit noir, sa culotte noire, ses bas noirs et son gilet ponceau. Cette dernière pièce de son ajustement le contraria un peu ; mais il n'en avait pas d'autre de couleur plus sombre, il fallut donc s'en contenter.

Au numéro du décédé, il trouva le corbillard entouré d'une nombreuse société, qui avait cru plus convenable d'attendre le corps dans la rue, que d'aller le chercher dans sa mansarde du sixième, d'où on le descendit, non sans peine et industrie, vu que l'escalier ressemblait à une échelle.

Cette circonstance avait même fait délibérer si on n'userait pas, pour le mettre dans le char, de la poulie servant à monter le foin ; et l'on n'avait renoncé à cet expédient que sur l'observation d'un passant, qui avait prétendu que le mort aurait l'air de se présenter la corde au cou. Bref, il était parvenu sur le pavé, on l'avait chargé sans accident, et tout marchait à la satisfaction générale.

M. Cristophe s'aperçut alors qu'il n'y avait ni prêtre ni croix; cela commença à l'inquiéter, car il était dévot, comme on a déjà pu le voir, et il ne plaisantait pas en matière de foi. Il aurait certainement demandé une explication immédiate, s'il n'eût pensé qu'une enquête était peu convenable en ce moment, et pour la première fois de sa vie il contint sa langue.

On arriva sans obstacle jusqu'à la paroisse. Dans la capitale, un corbillard circule comme tout autre omnibus; le passant ne s'inquiète pas plus d'un mort que d'une voiture de fumier.

Tout à coup le cortége s'arrêta, et un chuchotement se fit entendre de la tête à la queue; chacun s'étant rapproché pour en connaître la cause, on apprit que les portes de l'église étaient fermées.

Déjà tous les chefs d'emplois de la troupe dramatique s'étaient réunis en conseil, et après une courte délibération, le jeune premier, qui conduisait le deuil avec le père noble, frappa à l'entrée principale.

On n'ouvrit pas. Le tyran fit entendre sa grosse voix : nul n'y répondit.

La populace commençait à s'assembler; et comme elle est toujours pour les moyens expéditifs, elle proposa, par l'organe d'un maçon, d'employer la sape. Un voisin obligeant s'empressa d'offrir une poutre, un autre courut chercher une corde, et mille bras s'élevèrent pour mettre en mouvement ce bélier improvisé.

M. Cristophe, qui n'aimait pas la destruction, et celle des églises moins que toute autre, voulut s'avancer pour prévenir le mal; mais l'homme qui était derrière l'arrêta en fredonnant : *Ne dérangez pas le monde*. Il allait lui riposter je ne sais quoi, quand les deux battans s'ouvrirent comme par miracle, au grand désappointement des spectateurs, qui s'apprêtaient à juger du jeu de la machine.

L'église ouverte, on n'y trouva pas un prêtre, pas un chantre, pas une aumusse; le bedeau seul, en déshabillé, formait tout le clergé. Cette absence du personnel tonsuré ne déconcerta pas la famille harmonique. L'Elleviou, qui était aussi le machiniste, se chargea d'allumer les cierges; le niais, qui avait été enfant de chœur, entonna, avec l'amoureuse à roulade, un *requiem,* que la canaille accompagna en dansant. Bref, le service se fit aussi bien que jamais cérémonie chrétienne ait été faite à l'Ambigu-Comique, à la Gaîté, et même à l'Opéra.

L'assemblée entière en exprima son contentement, excepté pourtant M. Cristophe, qui était fort en colère; contre qui? c'est ce que personne ne savait; car depuis qu'il était dans le temple, il n'avait pas desserré les dents.

Quand le défunt se remit en route, le vigneron, qui se serait fait scrupule d'abandonner un compatriote, le suivit pieusement; mais, à l'air de la rue, les paroles qu'il avait contenues durant l'office se pressant à la fois, il lui prit une furieuse démangeaison de verbe.

A Paris, toutes les fois qu'on parle, quels que soient l'heure, l'instant et le lieu, on est sûr de trouver à côté de soi quelqu'un qui vous répond.

« Quel scandale ! s'écria M. Cristophe.... »

— « Et pourquoi, mon brave homme? lui répondit son voisin ; tout ne s'est-il pas passé agréablement? n'avez-vous pas bien ri, et moi aussi? »

A cette voix, notre marchand de vin reconnut celui qui déjà l'avait interpellé en chantant, et jamais mine ne lui avait paru moins chantante. C'était un homme de soixante ans environ, et qui avait le fumet du plus damné sournois qui ait jamais porté chausses. Un front ridé, des lèvres serrées ou faisant la moue, un regard fauve, lui donnaient absolument l'air de feu la Rancune ; un habit poudreux et râpé, une chemise fripée, des cheveux en désordre complétaient l'ensemble de cette mauvaise figure.

« Vous en voulez au bedeau, continua le compagnon grognard, pour vous avoir fermé la porte au nez? Eh bien ! le bedeau a bien fait. De quoi diable nos honorables amis s'avisent-ils de porter à l'église après sa mort celui qui n'y a jamais été pendant sa vie? Le digne garçon se connaissait mieux en chopines qu'en *oremus*, et pas un de nous n'est capable de dire s'il croyait en Wishnou ou en Cahambabra ; s'il était Turc ou chrétien. Or, n'est-il pas beau de l'enterrer aujourd'hui dans un capuchon, et de vouloir encore que le prêtre vienne lui chanter *alleluia!* C'est absolument comme si l'archevêque de Paris prétendait se faire porter par le rabbin à la synagogue. »

En toute autre occasion, M. Cristophe aurait répondu; mais l'aspect de l'individu lui avait coupé la parole, et il le considérait comme l'on fait d'un matou qui jure et s'apprête à nous sauter aux jambes. Il cherchait des yeux quelque autre voisin dont il pût s'accoupler. Hélas! déjà chacun avait son chacun, et bon gré mal gré, il fallait rester accolé à ce disgracieux visage.

Comédien retiré, il se nommait M. Narcisse. Connu de tous les cabotins du royaume, il était redouté de tous, autant que le parterre, et ce n'était pas sans raison. Jamais plus mauvais coucheur, jamais chien plus hargneux n'avait vécu dans la peau d'un souffleur : car tel était alors son emploi.

S'il avait fait cette sortie contre le mort et ses camarades, ce n'était nullement par bienveillance pour le clergé, ni pour personne, mais bien dans l'espoir que le gant serait relevé, et qu'il pourrait en advenir une bonne querelle. L'instinct de M. Cristophe l'avait averti; car tout animal nuisible porte avec lui quelque chose qui nous dit de nous tenir en garde : aussi resta-t-il coi. L'autre continua :

« Vous allez crier à l'intolérance du clergé ? Eh bien ! moi, l'ennemi-né de la calotte, c'est contre l'intolérance des comédiens que je crie. J'aurais voulu que le bedeau leur eût cassé sur le dos le sabre de bois de saint Georges ou la lance de plâtre de l'archange Michel. Que diraient mes bons collègues, si M. le curé venait chanter la messe au foyer de la comédie ? Je vous le demande.... Auraient-ils assez de poumons pour appeler à l'aide ? Eh bien ! s'ils prétendent au monopole du théâtre, de quel droit vont-ils jouer la comédie dans l'église ? car ni vous, ni moi, ne croyons que c'est par dévotion, amour de Dieu, respect ou douleur, qu'ils viennent prier avec tant de fracas pour un pauvre imbécille qui ne savait pas même donner la réplique, et dont le talent dramatique égalait à peine celui de ce caniche qui danse au tambour. Pourquoi donc mettent-ils aujourd'hui notre caisse à sec en l'honneur de cette bête morte ?.... par jactance, par orgueil, et pour faire niche au clergé, qui les aurait bien attrapés s'il était venu les arroser d'eau bénite et leur frotter le nez de cendre. Ah ! que n'aurais-je pas donné pour être curé seulement cette matinée, et avoir la chaire à ma disposition ! Oui, mes très chers frères en Belzébuth, vous en auriez entendu de sévères ; et avec l'épître aux Corinthiens, ou un verset du *dies iræ*, j'aurais voulu, pour l'exemple de tous les hypocrites présens et futurs, que la canaille vous lapidât avant mon troisième point. »

Ici, le vieux souffleur attendit quelques instans, espérant que son compagnon prendrait la défense des comédiens. Ayant attendu en vain, il adopta la controverse et tomba sur le clergé.

« Mais aussi sots les uns que les autres, lévites et gens de coulisses se font siffler à l'envi. Si la prétention du théâtre est absurde, le refus de l'église est inique, et tous les deux sont fondés sur le manque de charité et sur l'esprit de parti, le plus plat de tous les esprits. Vous, prêtres, vous rejetez un homme ; mais avez-vous lu dans le cœur de cet homme? Êtes-vous son juge ? Non seulement vous le jugez; mais vous le condamnez, vous voulez qu'il soit puni; et pourquoi? parce qu'il a chaussé le cothurne, tandis que vous traînez la soutane; parce qu'il chante des rondeaux, et vous des antiennes; en deux mots, parce qu'il n'est pas du même métier. S'il n'y avait qu'un métier, c'est qu'il n'y aurait que des brutes. Tous les chiens mangent du chiendent. Jamais la diversité des conditions ne fut un crime; et quant aux opinions, personne ne fait les siennes; elles naissent avec nous; ou l'on nous les donne toutes faites. Détester un homme parce qu'il ne pense pas comme nous, c'est détester un blond, parce que nous sommes bruns. Intolérance de politique, intolérance de secte, intolérance de métier, l'une vaut l'autre; ignorance, sottise et vanité en sont la base. Quel homme peut dire avec certitude : Je suis plus sage que toi? Peut-il me connaître mieux qu'il ne se connaît lui-même!... Vous refusez des prières à un mort; mais si vous croyez que cela peut le soulager, ce refus est atroce. Innocent ou coupable, vous les lui devez; une bénédiction n'est jamais un crime. Vous n'avez à hésiter que pour maudire, et Dieu vous a dit de prier même pour vos ennemis. Si absolument vous ne le voulez pas, pouvez-vous en empêcher les autres? L'église est un lieu public, vous n'avez pas plus de droit de le fermer à un mort qu'à un vivant.

« Et vous, mes bons camarades des tréteaux, si affamés d'*oremus*, si tendres pour le défunt, dont vous n'êtes ni parens, ni amis, ni héritiers, veuillez faire avec moi un petit calcul. »

Ce mot de calcul fit cligner l'œil de M. Cristophe; il n'avait jamais résisté à la tentation d'un chiffre; et quoique encore étonné de la laideur de l'être côte à côte duquel il cheminait, il essaya derechef de le regarder.

« Un petit calcul! répéta le comédien, qui avait vu que ce mot faisait effet; vous avez voulu un grand service funèbre pour notre digne collègue, comptons donc avec lui.

« Ou ce digne collègue était un honnête homme, et il n'a pas besoin de prières, ou c'était un drôle, et il a mérité d'être puni. Ceci posé, pensez-vous que la dimension de la cloche qui a sonné à son enterrement, le poids des bougies qu'on y a brûlées, la finesse des draperies qu'on y a déployées, changeront quelque chose à sa destinée? Si ce n'est pas cela, sera-ce donc ce que pourra dire cette honorable compagnie, qui a déjà assez à faire de parler pour elle-même? Est-ce vous, mademoiselle l'ingénue, qui toucherez le Ciel avec vos minauderies et vos grimaces? Ne sait-il pas que vous avez quarante-six ans sonnés, et que vous n'êtes bientôt plus bonne qu'à représenter au même lieu que l'homme que nous allons déposer en terre sainte? Est-ce vous, M. Frontin, qui êtes si bien dans l'esprit de votre rôle que nous sommes obligés de fermer nos coffres et armoires quand vous nous honorez de votre visite? Est-ce vous, M. le tyran, qui valez moins encore que les chenapans que vous êtes chargé de représenter? Si j'étais juge du défunt, de telles recommandations suffiraient pour que je l'envoyasse à tout jamais ramer avec la chiourme éternelle.

« Mais, fussiez-vous les plus braves gens du monde, je n'en dirai pas moins : De quoi vous mêlez-vous? les affaires du prochain vous regardent-elles? et qu'y voulez-vous faire, puisqu'il est mort? Chacun ne doit-il pas être traité selon ses œuvres? Prier Dieu de ne pas châtier celui qui a mérité de l'être, c'est lui demander une injustice; c'est croire qu'il cède à d'autres considérations que l'équité; qu'il est accessible aux cajoleries, aux flagorneries, à l'importunité; bref, qu'il ne vaut pas mieux que tel administrateur, chef de division ou directeur du personnel. Un juge intègre repousse les solliciteurs; il ne prête pas l'oreille à leur dire, il prononce sur les faits. Du vivant du collègue, il fallait prier Dieu de le rendre sage, économe, sobre, laborieux; de lui donner un peu plus de mémoire, de talent et de probité. Mais lui proposer de ne pas le punir, comme je soupçonne fort qu'il l'est, ne fût-ce que pour m'avoir fait siffler la dernière fois que j'ai joué avec lui, c'est vouloir ce que nul ne peut faire sans se départir de la bonne règle.

« Demander au ciel d'adoucir la punition est encore une impertinence, car c'est croire qu'il a pu en imposer une trop forte, et nous prétendre plus miséricordieux que celui qui est la source de toute miséricorde. Je ne vois donc dans tout ceci que la vaniteuse prétention d'un insecte gonflé, qui s'imagine que son faible souffle peut changer les lois de l'univers et de l'éternelle justice.

« Concluons-en que cet étalage de chariots avec des brandebourgs, de chevaux avec des panaches, de laquais avec des galons, enfin tout ce qui compose cette promenade, soi-disant funèbre et religieuse est aussi étrangère à Dieu et inutile au défunt qu'une course en char-à-bancs ou une descente aux montagnes russes. »

Une comparaison si saugrenue choqua vivement M. Cristophe. Quand il avait crié au scandale, ce n'était pas contre le clergé, ainsi que le pensait l'acteur, mais contre le public, se conduisant à l'église comme à la halle; ce qui lui semblait fort déplacé, surtout à une pompe funéraire. Il avait toujours regardé comme un devoir de prier pour les trépassés : ce souvenir pieux et touchant, consacré par tous les peuples, était, suivant lui, honorable aux morts et utile aux vivans, à qui il rappelait les devoirs de la vie et sa brièveté.

Et puis cette espèce de jugement public, auquel donnait lieu l'enterrement d'un homme, lui paraissait moral. Chez les Égyptiens, tout prince, avant de recevoir les honneurs de la sépulture, passait à un tribunal qui décidait s'il les méritait. Notre vigneron trouvait qu'il y avait là un grand frein contre les passions du pouvoir et ses mauvais penchans. Il aurait voulu qu'on en fît autant, la veille de leur démission, à nos notabilités du jour, à nos directeurs de l'opinion, à nos soi-disant grands hommes de tribune, de journaux ou de cabinet; bien assuré qu'il n'en serait pas résulté grande dépense de cire, et qu'on en aurait envoyé moins en paradis qu'à l'égoût Montmartre.

En ce moment quelqu'un, en passant près du vieux comédien, le nomma. Quand M. Cristophe sut son nom, il ne le trouva plus si laid, et il s'aventura à lui adresser directement la parole.

« M. Narcisse, lui dit-il, je vous l'avouerai, je ne suis pas ennemi de l'église; je tiens comme obligation pour chacun de remplir les devoirs de sa religion, et je n'ai jamais manqué à la messe, sinon lorsque M. le Maire a voulu me forcer d'y aller, quand j'étais son adjoint; et rien de plus utile, selon moi, qu'un bon curé. »

— « Soit, dit l'acteur; quand il est bon; mais c'est là un de ces phénix qu'on ne voit guère de nos jours, et qu'on verra encore moins plus tard, si l'on n'y met ordre. Comment voulez-vous avoir des prêtres considérés, lorsque vous apportez dix fois moins de soins à les trouver qu'à recruter les voltigeurs, chasseurs et grenadiers de vos casernes?

« Il y a, pour la conscription, des lois qui déterminent les qualités nécessaires, qui signalent les vices rédibitoires; il y a conseil d'examen et de révision; enfin, nul ne peut devenir soldat, s'il n'est capable de l'être. Pour vos temples, tout est bon; c'est-à-dire qu'ils sont le refuge de tout ce qui n'est propre à rien.

« Rebut des derniers rangs de la société, l'aspirant à la prêtrise, n'ayant eu pour règle de conduite que le poing d'un père brutal ou les cris d'une mère idiote, arrive au séminaire avec la rouille des classes ignorantes. Là, au lieu de rectifier son jugement, de développer ses sensations, d'agrandir ses idées, des précepteurs fanatiques l'astreignent à mille pratiques puériles. L'étude des grimaces absorbe les trois quarts de son temps; l'autre quart est employé à des leçons plus dangereuses que l'ignorance même; car en présentant à ce cœur neuf, comme des qualités ou des vertus, ce qui est indifférent, ils lui font perdre de vue ce qui est nuisible. Bientôt ce sentiment du juste ou de l'injuste, du vrai ou du faux, est émoussé, étouffé, sous le plomb du préjugé, sous l'esprit de confrérie et de capuce. On lui fait oublier ce qui est, on lui cache ce qui doit être, on lui apprend ce qui n'est pas. Son caractère, son être, sont façonnés sur un mannequin, modèle de secte, avorton rachitique, né d'un siècle d'ignorance et d'une théologie barbare, aussi étrangère à la simplicité chrétienne qu'à la philosophie moderne. Sous ces professeurs de l'absurde, dans ces conservatoires de l'ignorance, la haute morale des Augustin, des Chrysostôme, des Fénélon, n'est ni étudiée ni comprise; la nature même y reste inconnue : ses phénomènes les plus simples, ses vérités les plus palpables, sont effrontément niés. Les livres saints, toujours d'accord avec la raison et la saine physique, sont falsifiés; la poésie sublime de la bible est soumise aux ciseaux d'un cuistre; et sous sa férule rétrograde, l'immensité devient un cloître, l'éternité une geôle, et Dieu n'est plus qu'un moine affublé d'une calotte et d'un goupillon.

« Si le ciel est ainsi défiguré aux yeux du malheureux néophyte, on ne lui donne pas une idée plus juste de la terre. Cette société, qu'il est chargé d'instruire, d'éclairer, on la lui représente comme une caverne, un antre d'impiété et de prostitution.

Les délassemens du savoir-vivre, les plaisirs de la civilisation sont les pompes du vice, les honnêtes gens sont ses ministres, les femmes sont des agens de séduction, des êtres nés seulement pour perdre les hommes. Les progrès du siècle, les institutions généreuses, les lois protectrices de l'instruction, de la conscience, de la presse, la liberté enfin, sont autant d'attaques contre la foi, de piéges du tentateur, d'abîmes de perdition. Quiconque raisonne se damne : tel est le résumé des préceptes qu'on lui présente, de la croyance qu'on lui inspire. Si c'était là notre monde, il faudrait croire avec je ne sais quel philosophe, que le diable a gagné la bataille, et qu'il se dit le bon Dieu, tandis que le véritable maître, au fond de l'enfer, ne peut que gémir sur la manière dont l'usurpateur gouverne son ouvrage.

C'est ainsi dressé, sans nul acquit, que quelques mots de latin et l'orgueil d'une science qu'il n'a pas, que le séminariste est promu à une cure? Là qu'est-il autre chose qu'un vacher affublé d'une soutane? à quoi peut-il être bon? quelle influence peut-il exercer sur le public pensant? comment peut-il aider au progrès des lumières?

« En dehors de la société, qu'il dénigre ou qu'il redoute, dédaigné des classes aisées, il n'a pour ouailles que quelques vieilles femmes en enfance, quelques dévots abrutis, valetaille églisière, sans raison comme sans charité, avec qui il ne fera que s'abêtir encore; de ce centre, quelle instruction donnera-t-il au peuple? au lieu de lui parler morale, il lui parlera miracle ; au lieu de lui montrer le ciel, il lui montrera l'enfer; au lieu de l'éclairer, il l'aveuglera. Sans volonté comme sans moyen de faire le bien, il ne peut donc que causer du mal, et mieux vaudrait mille fois pour leur avancement moral que les campagnes n'eussent pas de pasteur, que d'en avoir d'aussi ineptes. »

Cette proposition révolta tout-à-fait M. Cristophe, qui, depuis long-temps, avait *in petto* l'idée de faire un chanoine de son dernier. La mine du comédien lui parut plus laide que jamais; il le prit véritablement pour l'antechrist. L'autre, assuré qu'il vexait le bon homme, en philosopha de plus belle.

« Si l'on ne remédie pas promptement à ces inconvéniens, c'en est fait du catholicisme; avant cinquante ans il n'en sera plus question en France, et déjà il y serait mort sans la persécution révolutionnaire.

« Pour arrêter sa décadence, il faut changer du tout au tout l'éducation de nos prêtres et leur existence sociale.

« D'abord le premier principe à leur inculquer est la tolérance. Nous ne sommes plus au temps de l'église militante, et rien de plus nuisible à toute religion que les mesures menaçantes et coërcitives; l'emploi de la force est en contradiction avec la morale de l'Évangile, qui est toute de douceur et de persuasion; ce que nul n'aurait jamais mis en doute, si l'on s'en était tenu aux cinq pains et aux deux poissons. »

Ici M. Cristophe fit un signe d'approbation. « Mais l'homme, continua M. Narcisse, est un animal féroce, qui, au lieu de manger paisiblement sa proie, disserte sur la sauce. Loin de se contenter d'une nourriture pure et simple, de ces préceptes qui seront de tous les temps et de tous les pays, parce qu'ils sont dans tous les cœurs, il a prétendu y ajouter des variantes de sa façon, et il a lapidé, crucifié, brûlé ceux qui n'ont pas voulu y croire; et c'est encore aujourd'hui ces additions à la loi de Dieu qui causent une partie de nos tourmens.

« D'abord, qu'a donc à faire Rome dans notre administration française? qu'avons-nous à démêler avec elle? de quel droit les Italiens se mêlent-ils de la nomination des évêques français? et pourquoi, contre toute justice et tradition, enseignons-nous cela dans nos écoles comme un article de foi? Je vois, moi, que les premiers évêques étaient choisis par les fidèles; pourquoi n'en est-il pas toujours ainsi? pourquoi les dignitaires d'une église ne seraient-ils pas nommés par les enfans de cette église comme ils l'étaient par leurs pères? Je ne sais par quelle raison nous serions moins bons chrétiens pour n'être pas Romains. J. C. ne l'était pas, et n'aurait pas voulu l'être, car de son temps comme du nôtre, Rome était le centre de l'intrigue et de la corruption. Que le Saint-Père décide en matière de foi, c'est juste; mais sur des questions purement financières, personnelles ou administratives, cela n'est pas de son ressort.

« Commençons donc à apprendre aux prêtres français à être Français, comme maints conciles, les libertés gallicanes et le concordat les y autorisent. »

Le vigneron fit un geste dubitatif.

« Empêchons, continua l'autre, que, séparés d'intérêt avec leurs compatriotes, ils forment une milice étrangère au milieu de l'État, et y portent le trouble en employant leur influence en faveur de nos ennemis ; lions-les au sol, rendons-les citoyens, et, pour cela, faisons-en des pères de famille. »

A cette parole, M. Cristophe pensa s'évanouir. « Un prêtre marié! s'écria-t-il piteusement ; j'irais à confesse à un prêtre qui a une femme? autant vaudrait faire sa confession en place publique. » — « Cela n'en serait peut-être pas plus mal, dit l'histrion cynique. Oui, mon cher monsieur, je veux qu'on marie les prêtres : la loi du célibat est contre nature, elle est opposée au précepte qui a dit : Croissez et multipliez ; elle est dangereuse, parce qu'elle conduit au désordre, au libertinage, aux vices les plus odieux. Une pareille loi est un de ces exemples malheureusement trop peu rares de la faiblesse de l'esprit humain ; plus on y réfléchit, moins on peut en concevoir le but, moins on peut croire qu'il y a eu des êtres assez déraisonnables pour imaginer qu'on est agréable à Dieu en désobéissant à Dieu, qu'on serve à son œuvre en repoussant la nature, et qu'on soit méritant en étant inutile.

« C'est un sacrifice, dira-t-on, c'est une macération, une abstinence ; mais à quoi les macérations, les jeûnes, les abstinences peuvent-ils conduire? et le santon, le lama, le derviche, qui se suicident lentement, sont-ils plus conséquens que cet étalon arabe dont on parlait dernièrement au ministère, à la division des haras?

« Un cheval de la tribu des Abencerages, animal qui l'était moins que beaucoup d'autres, avait pour maître un scheik qui le traitait avec égard et amitié; bien nourri, bien soigné, il travaillait en conscience.

« Il advint qu'étant allé en pélerinage à la Mecque avec son patron, il entendit un soir, en mangeant son orge, prêcher un edjie. Je ne citerai rien de son sermon, quoiqu'il fût très beau, et même je ne parlerais pas du tout de cette circonstance, si elle n'eût pas amené la suite que l'on va voir.

« Le lendemain, en cheminant, le scheik s'aperçut que son bon coursier ne piaffait plus, et qu'il marchait l'oreille basse : il l'en réprimanda paternellement. Un moment après, l'animal butta et manqua des quatre jambes. Son maître le crut malade, et il l'aurait saigné, s'il ne lui eût pas trouvé l'œil bon et l'artère calme.

« On termina assez heureusement le voyage; mais de retour au logis, l'étalon perdit journellement de sa force; il maigrissait, il dépérissait, et devenait une véritable rosse.

« Le scheik, n'en pouvant deviner la cause, interrogea l'esclave qui le soignait; celui-ci lui dit qu'à certaines phases de la lune, il refusait obstinément de manger, qu'en tout temps il rejetait du râtelier ce qui était tendre et substantiel, pour choisir ce qui était dur et mauvais, qu'il repoussait l'étrille, la brosse et le bouchon, et que si on parvenait, malgré ses efforts, à le panser, son premier soin était de se rouler dans l'ordure.

« Le scheik crut que la pauvre bête était lunatique et que l'amour en était cause ; il fit mettre près de lui une jeune et belle jument, pour laquelle il avait naguère témoigné de l'affection; mais dès qu'elle approcha, à la grande surprise de tous, l'animal se cacha la tête dans son auge, et rien au monde ne put le déterminer à une conduite plus honnête.

« Inquiet autant que jamais, le scheik fit venir un savant uléma qui était aussi maréchal expert. Celui-ci interrogea le malade, et quel fut son étonnement, quand l'étalon lui eut fait connaître que s'il ne mangeait pas, ce n'était pas faute d'appétit, que s'il se couvrait d'immondices, ce n'était point qu'il ne fît grand cas de la propreté, que s'il fuyait les jumens, ce n'était pas qu'il ne les trouvât fort aimables; mais qu'il voulait ainsi se rendre agréable à son maître, et, par suite, arriver avec lui dans les joies de Mahomet.

« Le docteur maréchal, au lieu de lui appliquer un certain nombre de coups de fouet, comme l'auraient fait beaucoup d'autres, le moralisa doucement; il lui prouva que si le prophète lui avait donné de l'appétit, c'était pour manger, que s'il avait une belle peau, c'était pour la tenir propre, que s'il avait été créé étalon, c'était pour qu'il le fût, que telle était aussi la volonté du maître.

« Le bon coursier se le tint pour dit : il mangea, il but, il se laissa étriller et fit des poulains.

« Pourquoi nos prêtres ne feraient-ils pas de même? chacun n'y trouverait-il pas profit? Où auriez-vous des poulets si votre coq avait fait vœu de chasteté?

« Le premier qui a prêché le célibat était ou un égoïste, ou un invalide, ou un tyran, qui croyait diriger plus facilement des esclaves privés de famille, ou bien encore un libertin, qui voulait réserver un plus vaste champ à ses débauches. L'expérience a démontré que les lieux où il y a le plus de célibataires sont aussi ceux où l'on rencontre les mœurs les plus corrompues.

« Le célibat ne pourrait être bon que comme supplice et châtiment à Maroc ou Tripoli, dans le but moral d'empêcher les gens vicieux d'y avoir des enfans auxquels ils donneraient mauvais exemple.

« Dans un pays bien administré, si l'on ne le défend pas, on devrait du moins ne pas l'autoriser ni l'encourager, et encore moins l'imposer, notamment aux prêtres, chez qui il est plus dangereux que partout ailleurs : là surtout c'est un acte de déraison. Comment est-il possible qu'un homme de chair et d'os, chargé de la conduite de jeunes filles, de jeunes femmes, qui dans la confession lui disent tout ce qui peut troubler l'imagination, reste sage et pudique? cela ne se peut pas; aussi cela n'est pas, et sur cent prêtres non mariés, quelle qu'ait été leur vocation, quelle que soit leur volonté, il y en a certainement quatre-vingt-dix qui, d'une manière ou d'une autre, ne garderont pas toute leur vie le vœu de continence. Et c'est cependant à ce prêtre célibataire que l'épouse ira confier les secrets du lit conjugal; c'est lui qui réglera les droits de l'époux; est-ce honnête? est-ce décent? et que ceci existe chez nous, au dix-neuvième siècle, quand nous avons cent traités de morale, cinq Codes et quatre académies; est-ce possible? est-ce croyable? et l'on appelle cela des mœurs et de la religion! moi je le nomme infamie et chose tout-à-fait propre à attirer sur nous le feu du ciel, comme jadis il arriva à Ninive et autres lieux.

« Mais, n'en doutons pas, le temps fera justice; le célibat des prêtres passera comme beaucoup d'autres folies; déjà plusieurs sectes, le protestant, le calviniste, l'ont repoussé. Les catholiques peuvent en faire autant en toute sûreté de conscience, car la prohibition du mariage n'est pas un article de foi, de morale, ni même de dogme; c'est un acte de pure discipline; il n'en est question ni dans l'Ancien ni dans le Nouveau Testament. Moïse proscrivait le célibat; David et Salomon ne l'approuvaient pas; Jésus allait à la noce; tous les apôtres, hors un, étaient mariés; saint Paul voulait que tous les prêtres le fussent; Tertullien ne les en dissuade pas. Vingt papes l'ont été. Pape et fils de pape, Silvestre prit femme, Félix III fit comme lui; saint Grégoire de Naziance eut pour père l'évêque du lieu; l'archevêque de Rouen, en 1075, celui de Dôle, en 1076, disaient la messe et faisaient des enfans. Les évêques de Normandie, en 1130, se révoltaient parce qu'on voulait les empêcher d'en avoir; enfin, en 1564, Charles IX fulminait des ordonnances contre les époux non laïques.

« Or, comme tout cela est vrai, puisque je l'ai lu dans la Gazette, le célibat des ecclésiastiques est donc une invention toute moderne, invention qui n'est pas même généralement adoptée de nos jours. Plusieurs peuplades catholiques, notamment les Maronites, ont des prêtres mariés; tous ceux de la primitive Église l'étaient, et ceux Français le seront bientôt et le seraient déjà si Bonaparte avait voulu en faire une clause du concordat.

« En conséquence, Saint-Père, hâtez-vous de donner l'exemple, d'envoyer des billets de faire part, si ce n'est pour vous, pour votre successeur et tous les cardinaux archevêques évêques et abbés à venir; sinon, je vous le dis en vérité, il en résultera un grand schisme et un grand mal; mariez tous vos aspirans lévites, faites-en des pères de famille; il vous donneront beaucoup plus de satisfaction et à nous aussi; sauf ensuite aux gens scrupuleux à faire comme les méthodistes et à séparer, les dimanches, les dindons mâles des dindons femelles. »

A cette sortie plus qu'inconvenante, M. Cristophe s'imagina que le vieux souffleur était quelque moine défroqué, et en effet il en avait la tournure. Le bon vigneron, peu édifié et moins convaincu, grommela : « Je vois bien que vous aimez mieux les noces que les enterremens; mais je vous avoue que j'ai toujours eu une antipathie pour les époux en soutane. »

« Je ne les aime pas plus que vous, dit l'acteur; quiconque a fait un serment doit le tenir; on appelle renégat l'homme qui, ayant prononcé librement des vœux, y renonce; et l'on a raison de le nommer ainsi : aussi ne demandé-je pas qu'on marie les prêtres qui existent aujourd'hui, du moins ceux qui ont atteint l'âge mur; ils ont prévu les conséquences de ce qu'ils ont fait, ils sont ce qu'ils ont voulu être. Dailleurs le pli est pris : le mariage ne réformera pas leur ignorance naturelle, ou leur sottise acquise. Élevés pour la sacristie, ils pourraient faire de fort mauvais maris. Ce que je propose, c'est pour l'avenir, et après une décision canonique et papale; car j'aime l'ordre et la subordination, et sans être ultramontain je suis bon catholique. C'est aussi au pape, l'évangile à la main, que je veux demander l'émancipation des évêques ou leur nomination au choix des fidèles sans intervention étrangère ni ministérielle; et si Sa Sainteté et Son Excellence préfèrent les intérêts de la religion à ceux de leur amour-propre, ils me l'accorderont sans délai.

« En rendant ainsi aux prêtres les droits communs, c'est-à-dire ceux d'hommes et de citoyens, vous en obtiendrez dans tous les rangs de la société. Avec cette latitude pour vos choix, vous les ferez meilleurs. Vous n'accorderez la prêtrise qu'à la capacité, qu'à l'âge mûr; même à la fortune, quand le candidat y joindra l'instruction et la conduite. En le prenant propriétaire si vous le pouvez trouver, vous aurez moins à lui donner. Son aisance augmentera sa considération. Mis à la hauteur des premières classes, il sera respecté des dernières; il sera admis chez le riche comme chez le pauvre, chez le savant comme chez l'ignorant. Sans demander qu'il fréquente les bals et les spectacles, je tiens à le voir dans les salons; il ne doit point fuir un cercle poli : obligé par état de combattre les vices du monde, il faut qu'il connaisse le monde, et il ne le peut en passant sa vie entre sa servante et son tournebroche.

Par le contact de la bonne société, il participera aux progrès du siècle; il s'instruira des usages, des convenances. Alors il ne fera pas entendre en chaire ces sermons qui semblent tomber des tréteaux de la foire, et à l'absurdité desquels on croirait que des bateleurs ont pris à tâche de dégrader la religion et de la tourner en ridicule; les rires et les moqueries, suite immédiate de ces étranges homélies, contribuent plus que l'impiété à éloigner des temples les gens graves qui ne peuvent prier Dieu en haussant les épaules.

« Je voudrais même, pour plus de sûreté, qu'aucun prêtre n'eût la faculté d'improviser en chaire et d'y représenter ses œuvres inédites; qu'il fût tenu, jusqu'à ce qu'il ait fait ses preuves, de mettre de côté l'amour propre d'auteur, de se borner à quelque lecture pieuse, à nos beaux et bons sermons imprimés, qui suffiront de reste au besoin des campagnes. On préviendrait ainsi bien des hérésies locales, des dissidences de commune, des schismes de paroisse, et l'on empêcherait que de la chaire de vérité il ne sortît des impertinences de coteries, des diatribes de faction et des niaiseries de circonstance. »

— « Oui, dit M. Cristophe, et, ce qui pis est, des brandons de discorde. »

— « Qui vous parle de discorde? lui répliqua l'autre, toujours pressé de contredire, même ceux qui disaient comme lui. En signalant les erreurs de notre clergé, en désapprouvant le système qui le régit, je suis cependant loin d'applaudir aux injures que certaines gens lui prodiguent. Si beaucoup de ses membres sont ignorans, il faut convenir que presque tous sont honnêtes. Fidèles à leur croyance et aux devoirs qu'elle leur impose, la charité, l'humanité, l'esprit d'ordre, sont, à peu d'exceptions près, des vertus qui leur sont communes. Ce pauvre curé de campagne n'est qu'un niais, sans doute; mais ce niais, réduit au pain noir, le partage avec un plus pauvre que lui; et tandis qu'on le stigmatise au budget, tandis qu'on démolit à Paris, il boit de l'eau toute l'année pour réparer son église. Certes, on ne dira pas que celui-là vole ses appointemens; et parmi ceux qui crient si fort, je n'en connais pas un qui, pour un revenu quatre fois plus considérable, se soumît à faire le quart de ce qu'il fait; pas même le plus piaillard de ces magistrats improvisés dont on a empoisonné nos communes rurales, après en avoir préalablement chassé les anciens, qui, carlistes ou non, valaient toujours mieux que des buses qui nous font des extraits mortuaires pour des actes de naissance, ou des ivrognes qu'il faut aller ramasser dans les ruisseaux pour les conduire à leur tribunal. Demandez à ces bons administrateurs d'aller visiter les pauvres, soigner les infirmes, consoler les mourans, vous verrez comment ils vous recevront. Eh bien! ce qu'ils ne feront ni par argent, ni par patriotisme, ni par humanité, nos curés le font pour rien. Certainement de tels hommes, fussent-ils moins savans encore, ne sont pas indignes d'égards. Au lieu de les injurier, aidez-les donc, éclairez-les, procurez-leur même de meilleure soupe.

Lorsqu'ils verront que vous avez soin d'eux, ils ne feront plus parler le ciel contre vous; leur église ne retentira plus de complaintes anti-françaises, et leur chaire, muette de politique, cessera d'être une annexe de l'opposition. »

— « Sur ce point, je suis tout-à-fait de votre avis, dit M. Cristophe; » et il trouva presque que le vieux comédien était beau.

Celui-ci, fâché probablement de lui avoir fait plaisir, ajouta subitement : « Comme en religion je ne veux pas de paroles politiques, j'en bannis également les actions, gestes et pantomimes, c'est-à-dire ce qui n'est que pour les yeux des passans : par exemple, les processions, fort inutiles au culte si elles ne lui sont pas nuisibles. »

Ces mots firent de nouveau rentrer la bienveillance de M. Cristophe, qui tenait aux processions, où il figurait toujours en première ligne dans son endroit. Il dit sèchement à notre homme qu'il ne connaissait pas de loi qui défendît d'en faire à quiconque y trouvait du plaisir.

— « Mais je n'en connais pas non plus, répliqua l'autre, qui empêche quiconque les rencontre en son chemin de leur tourner le dos. »

M. Cristophe rapprocha soudainement en lui-même ces deux libertés, au conflit desquelles il n'avait jamais songé; et pour les accorder, il conclut qu'il pouvait valoir mieux à chaque culte de s'abstenir des cérémonies extérieures, car le rite avait toujours plus de décence et de dignité sous les voûtes du temple que dans les rues, places et carrefours, et il se souvint que c'était l'avis de son vieux curé, en qui il avait grande confiance.

Pendant qu'il pensait ainsi, l'autre continuait à parler. « Si je ne veux pas de chasuble sur le trottoir, disait-il, je n'aime pas davantage les gibernes sur le parvis : on n'a pas plus besoin de tambour dans la sacristie que de cloches au corps-de-garde. Chaque chose à sa place. »

M. Cristophe avait quelque part raisonné de même; et cette irruption dans son sujet reproduisit subitement cette fièvre de paroles qui l'avait assailli après la messe, fièvre qui se trouvait augmentée encore de tout ce qu'il n'avait pas dit. Il ouvrit donc un large bec, et allait en faire sortir je ne sais quel débordement d'éloquence, quand le traître souffleur, qui s'aperçut de son intention, ou plutôt de son besoin, lui coupa la parole en se mouchant à grand bruit; puis il s'écria :

« Les trois quarts des maux qui nous poursuivent

depuis dix-huit siècles viennent de ce qu'on a mêlé les sceptres avec les croix, les casques avec les mitres, les sabres avec les goupillons; enfin, de ce qu'on a fait de la théologie militaire et de la police religieuse. Depuis le premier familier du collége druidique jusqu'à ces apôtres spéciaux envoyés pour confesser les autorités, l'intervention administrative dans le culte, ou celle du culte dans l'administration, a toujours conduit de l'intolérance à l'arbitraire, et de l'arbitraire à la persecution, et par suite jeté les trônes dans la boue, les peuples à la morgue et la religion au rebut. Les messes municipales, les prières par ordonnance, les cérémonies expiatoires de toutes les couleurs, n'ont jamais servi qu'à réveiller les haines, envenimer les passions et exciter des querelles. La seule prière, la seule expiation utiles, c'est de se repentir et de s'amender. En quoi donc ces oraisons d'apparat, ces grimaces politico-religieuses, cette dévotion en uniforme, peuvent-elles être agréables à Dieu? Est-ce par leur onction ou leur ferveur? Voyez quelle merveilleuse piété portent à l'église vos autorités constituées : ici le député médite son budget; là le préfet lorgne la quêteuse; le commandant jase avec le procureur du roi; le maire gourmande la garde nationale; le capitaine jure; le sous-lieutenant bâille, et le public rit. La chose à laquelle on pense le moins, c'est à la sainteté du lieu. Or, je vous le demande, voilà un hommage bien rendu à la Divinité, une adoration bien faite, une expiation bien méritoire, du sang bien apaisé, des maux bien réparés, si toutefois les broderies du général, la robe du président, l'écharpe du commissaire, l'harmonie des clairons, bassons, contrebassons, trombone et pavillon chinois ont jamais réparé quelque chose!

« Moi, je veux honorer Dieu sans tambours et sans trompettes; je n'aime les gendarmes dans l'église que lorsque les voleurs s'y introduisent; je ne veux de chanoines en bonnets rouges pas plus que de déesses en rubans blancs. De quoi venez-vous demander pardon à Dieu? D'avoir fait ce que vous ferez encore. De quoi venez-vous lui rendre grâce? De ce que vous regarderez demain comme un crime ou une faute. Ne l'avez-vous pas remercié de la Saint-Barthélemy et de vingt autres tueries que vous avez appelées batailles?

« Et, de nos jours, n'avez-vous pas chanté le *Gloria* pour le couronnement de Napoléon? et puis pour son mariage? et puis pour le retour des Bourbons, et puis pour leur expulsion, et puis pour leur rentrée, et puis encore pour leur départ, et tout cela dans la même église, avec les mêmes chapes, les mêmes encensoirs, les mêmes chantres, la même messe? et le même prédicateur n'a-t-il pas fait du latin pour vous prouver que c'était bien, très bien et toujours bien? Si Dieu écoute vos vœux, auxquels voulez-vous qu'il croie? N'auriez-vous donc pas mieux fait de vous contenter de dire chez vous votre *Pater*, sans y mêler la république une et indivisible, le roi constitutionnel et très-chrétien, l'empereur par la grâce de Dieu, le roi désiré, le roi bien-aimé, le prince citoyen, etc.?

« Vous vous plaignez de l'empiétement du prêtre, et vous allez sans cesse vous fourrer la tête sous son surplis; vous confondez partout la religion avec vos comptes de ménage; vous la faites intervenir dans toutes vos folies. Eh! ne savez-vous pas que Dieu ne peut être mêlé à ce qui est douteux et incertain? République, constitution, charte, consul, empereur, roi, tout cela n'est que moyen, ressort, rouage, convenance d'ordre et de localité, pour lesquels on ne peut pas plus prier que pour le dôme des Invalides ou le canal de l'Ourcq.

« Variables et de circonstance, les gouvernemens marchent et changent avec les siècles. Dans le sanctuaire, il ne peut être question que des vérités incontestables, éternelles, immobiles, étrangères à toute politique du monde; et ces vérités sont rares pour notre faible entendement. L'homme ne conçoit pas plus l'œuvre de Dieu, l'univers et ses révolutions, que le corbeau perché sur cet arbre ne sait pourquoi la diligence de Paris à Brest passe sur la grande route trois fois par semaine.

« Que le philosophe médite la Providence dans le silence de son cabinet, bien : l'étude est toujours utile. Mais vous, gouvernans, et nous, imbécilles, bornons-nous donc à ce petit nombre de vérités religieuses que Dieu nous a révélées, ou, en d'autres termes, que nous tracent la nature et la raison; vérités innées, vérités palpables, gravées dans tous les cœurs. En ne les adjoignant plus à nos jeux humains, nous ne rendrons pas le ciel responsable de nos bévues; la religion ne sera plus soumise aux déménagemens de palais; les ministres du sacerdoce, cessant d'être les valets des factions locales ou étrangères, les échos des partis, les instrumens des passions et des ambitieux, ne voudront plus nous conduire en paradis la corde au cou ou la cocarde au chapeau. Paix à l'ame : que ce soit là notre profession de foi politique et religieuse. Alors, les persécutions administratives et monacales, les inquisitions, les épurations, l'intolérance enfin, deviendront choses inconnues chez nous et chez les autres, et tout le monde se donnera la main. »

« Mais pour arriver là, hâtons-nous d'ôter de notre législation, de nos réglemens, de nos ordonnances, tout ce qui tient au culte et au rite; laissez cela au code de la conscience. Ce n'est pas que je dise : la loi est athée; non, car si elle est juste elle est fondée sur la raison, et toute raison est une dérivation de Dieu; ainsi, une bonne loi prouve encore Dieu, et par conséquent n'est pas athée. Mais ce n'est pas un motif pour mêler le ciel à cette loi, quelle qu'elle soit, ni pour ajuster l'immensité à votre police, à votre cérémonial, à votre diplomatie; toutes choses qui, n'étant rien hors notre petit globe, sont nulles pour l'esprit à qui l'univers appartient.

« Et puis, voyez à quels inconvéniens cela expose dans un pays où il existe des cultes divers : un colonel juif ira chanter la passion; un préfet calviniste devra maudire les hérétiques. Sans monter si haut, je veux vous exposer un petit désagrément arrivé, à ce sujet, tout récemment à mon filleul.

« Ledit filleul était fils d'un honnête cultivateur et l'être le plus pacifique qu'il y eût au monde. Quoiqu'il eût cinq pieds huit pouces, la vue du sang le faisait frémir, et quand il touchait un fusil, il tremblait de tous ses membres ; aussi n'aimait-il ni les querelles, ni la chasse, ni aucun exercice sanglant, et il était arrivé à sa vingtième année sans avoir tué même un poulet, lorsque la conscription l'incorpora dans le 44e régiment d'infanterie de ligne. Fait grenadier d'emblée, par droit de taille, jamais honneur ne fut plus mal reçu, et le nouveau héros arrosa, pendant trois jours et trois nuits, sa grenade de ses larmes. Néanmoins, à force de bourrades, il apprit à marcher à la gloire, ou ailleurs ; et comme c'était un garçon éminemment sage et pieux, il fut désigné pour la garde royale.

« Là son humeur ne devint pas plus belliqueuse, et il venait de gagner une grosse jaunisse pour avoir fait la petite guerre dans la plaine de Grenelle, quand un matin il reçut, par la voix du tambour, l'ordre de prendre les armes. On le mit avec sa compagnie à un coin de la rue de l'Echelle, d'où on lui jeta sur son bonnet à poil je ne sais combien de bûches, de pavés, de vases de fleurs et autres, à la suite desquels on lui tira des coups de fusil, de pistolet, de mousqueton, etc., sans que ni lui, ni personne du régiment, sût pourquoi et par quel accès de mauvaise humeur les Parisiens, naguère si bonnes gens, les traitaient si mal.

« Après avoir tendu le dos deux heures durant, mon filleul voyant que la grêle des pots et des balles ne cessait pas, pensa que cela pourrait finir mal, et profitant de l'instant où son officier avait le nez en l'air, il se mit à détaler à toutes jambes.

« Accueilli régulièrement à tous les coins de rues par les mousquetades, il n'en allait que plus vite, et courait si étourdiment, qu'il tomba dans un gros de gendarmes, dont le brigadier lui mettant son sabre sur la poitrine, lui dit que s'il ne retournait pas immédiatement à son régiment, il allait lui couper la figure; et pour être sûr qu'il obéirait, ledit sous-officier le fit placer entre deux cavaliers.

« Rentré ainsi triomphalement à son poste, il entendit le commandement d'en joue. Alors, se piquant d'honneur, il se mit à faire un feu d'enfer : il est vrai que, ne voulant pas avoir à se reprocher la mort d'un chrétien, il avait soin, à chaque coup, d'enlever la balle de la cartouche; cependant il paraît que tout le monde ne faisait pas ainsi, car il en reçut une, et puis deux, et puis trois, qui, finalement, le couchèrent sur le carreau; et il fut emporté en si bel état qu'on s'apprêtait à l'envoyer à la Seine avec beaucoup d'autres, lorsque ayant réclamé par un soupir, on le porta à l'Hôtel-Dieu.

« Après trois mois de fièvres et d'emplâtres, il sortit avec un certificat de vie; et, s'étant regardé au miroir, il s'aperçut qu'il avait une jambe de moins et trois balafres de plus, dont une lui avait crevé l'œil.

« Ne pouvant plus être ni soldat ni laboureur, mais ayant conservé la main intacte et une belle écriture, il obtint dans son village la place de secrétaire de la mairie, qui vaut juste 50 fr. par an.

« Mais voilà-t-il pas qu'à l'anniversaire de la perte de sa jambe et de son œil, on ordonne une messe, et M. le Maire prétend que mon filleul ira remercier Dieu de l'événement.

« A cette proposition, mon filleul, malgré sa mansuétude, sentit de colère son autre œil lui sortir de la tête; il aurait volontiers battu M. le Maire, et pour rien au monde on ne put le décider à paraître à la messe d'actions de grâce, pas plus qu'à la fête qui la suivit. Aussi, dénoncé comme mécontent, il fut destitué comme carliste, et mis en surveillance comme suspect; et depuis cette époque il ne peut plus faire un pas avec sa béquille, que tout le village ne croie qu'il prend sa course pour aller joindre la grande armée des chouans.

« Eh bien ! mon voisin, voici une conséquence du culte de circonstance ; maintenant examinez, méditez, et tirez-en la conclusion. »

Hélas ! le malheureux vigneron ne demandait pas mieux, mais il était atterré sous le poids de l'injustice, car deux histoires coup sur coup, sans qu'il eût pu en placer une, lui semblait une infraction des droits de l'homme, une attaque contre le pacte social, la liberté, l'égalité, la réciprocité ; enfin l'harmonie du cercle civilisé, où chacun doit pouvoir mettre son mot et parler à son tour. Je ne sais si son adversaire avait lui-même senti cette convenance, s'il était fatigué de babiller ou touché des tortures de sa victime ; il est certain qu'il se fit un intervalle de silence, bien court il est vrai, mais dont cependant M. Cristophe aurait pu profiter, si en ce moment un pauvre n'était venu lui demander l'aumône ; il fouilla dans sa poche, et allait lui présenter 10 centimes, lorsque l'acteur, lui retenant la main, lui dit : « Que vous a fait ce malheureux pour l'assassiner ? ne voyez-vous pas que ce que vous lui offrez ne peut servir qu'à le détourner du travail. En rétribuant sa paresse sans le faire vivre, vous l'imposez à autrui ; vous nuisez non seulement à lui, mais au public, pour qui son oisiveté, son inutilité, sa vie enfin, vont devenir un fléau. La mendicité est la lèpre de la civilisation, l'école du crime; tout être dégradé est bientôt dépravé : ce mendiant demande sans besoin, par habitude, par avarice. Le vrai pauvre, l'ouvrier sans ouvrage vient rarement étaler sa misère ou ses infirmités sur la voie publique; il ne vocifère pas ses douleurs, il souffre en silence; aussi n'est-ce pas lui qu'on soulage; et quand on a dix centimes à donner, c'est toujours à quelque gueux insolent, à quelque fripon importun. » M. Cristophe remit ses dix centimes dans sa poche.

« Chez le peuple primitif, chez le sauvage, continua l'autre, on n'eut jamais l'idée de l'aumône; chacun fournit à la communauté tant qu'il le peut; dès qu'il ne le peut plus, la communauté le tue. C'est une atrocité, mais moins grande que celle de le laisser languir ou voler. »

Ici la rage de parler saisit encore M. Cristophe; il fit un effort terrible, il fut vain. « Vous allez me dire, lui objecta son rival, avec une volubilité sans pareille, que c'est justement ce que vous redoutez; que cet être humain qui vous implore va mourir d'inanition ou commettre un crime si vous ne le secourez. Oui, il commettra un crime, il mourra; mais ce sera parce que vous l'aurez secouru.

« Ne voyez-vous pas, à son œil pâle, à son teint plombé, à sa démarche convulsive, la cause de sa misère? Cet homme est adonné aux liqueurs fortes; il ne vous poursuit avec tant d'acharnement que parce qu'il lui manque un sou pour acheter une mesure d'eau-de-vie. Cette eau-de-vie bue, il s'engagera dans une rixe, ou il ira étrangler sa maîtresse, après quoi, s'il échappe à l'échafaud, il aura une inflammation d'entrailles qui l'emportera.

« L'aumône dans la rue est la cause première du vagabondage, de l'immoralité et, par suite, de la scélératesse du peuple. Entrez dans les prisons, questionnez leurs habitans, la moitié vous diront qu'ils ont commencé par mendier. C'est à votre obole qu'ils doivent les fers qu'ils portent. Pourquoi ont-ils mendié? parce qu'ils savaient que vous leur donneriez. Pourquoi sont-ils là? parce que vous leur avez donné. Et votre don ne provient nullement d'un sentiment charitable : vous avez voulu vous débarrasser d'une importunité ou faire parade de générosité; et vous éviter, dans tous les cas, la peine d'approfondir un doute, d'interroger la vie d'un homme. Vous n'avez pas réfléchi qu'en le faisant vaguer une heure pour venir recevoir un sou, vous lui en avez fait perdre deux qu'il aurait pu gagner en travaillant. Faites-le donc travailler. Mais je n'ai pas d'ouvrage. Trouvez-en, inventez-en : c'est là l'aumône, la vraie charité.

« Ah! si vos conseils municipaux avaient le sens commun; si, au lieu d'y mettre des oies, vous y aviez mis des hommes, n'aurions-nous pas aujourd'hui, dans chaque ville, chaque village, des ateliers où tout individu, grand ou petit, fort ou faible, trouverait quelque chose à faire, quelque chose à gagner? Tout bras a sa valeur, et sur ce gage on peut faire une avance.

« Si j'étais roi de France, ou seulement maire de Pantin, je défendrais, sous peine d'amende, à tous mes administrés, d'aumôner à leur porte ou dans la rue. Je leur dirais : si vous êtes réellement charitables, allez chercher l'infortune à sa source ; apprenez à connaître celui qui a besoin, et quand vous l'aurez trouvé, ne vous contentez pas de lui jeter un morceau de pain, comme à un chien; donnez-lui des conseils, éclairez sa raison, ranimez son espérance et encouragez ses efforts : il reste toujours assez de temps pour faire une bonne action. Si vous ne l'avez pas, remettez votre offrande à votre pasteur ou au bureau de bienfaisance, ou à la maison de travail; mais, au nom de l'humanité, ne donnez pas dans la rue.

« Si vous tenez absolument à l'honneur d'ouvrir votre poche officiellement et devant tout le monde, au lieu d'en tirer votre bourse, tirez-en votre portefeuille; prenez-y un bon payable au porteur, ne fût-il que d'un décime, et envoyez le pétitionnaire le toucher à l'hospice ou au comité de secours, à qui vous délivrerez une somme à cet effet. Si le porteur de votre mandat est un paresseux ou un jongleur, il n'y retournera pas deux fois.

« Habitez-vous la campagne, où il n'y a ni hôpital, ni bureau ni atelier; ayez à votre porte un jardin à bécher, un chemin à réparer, une botte de blé à battre; proposez du travail à tout mendiant qui se présentera, et bientôt vous n'en verrez plus.

« Il est, direz-vous, des vieillards, des infirmes. Quant à ceux-là, c'est une obligation de les nourrir lorsque leur pauvreté est constatée, et il y a cruauté d'attendre qu'ils viennent colporter leurs souffrances ou leur vieillesse; allez les chercher.

« Dans aucun cas ne donnez aux enfans. Ne voyez-vous pas que ces innocens sont contraints par les menaces, les coups de leurs parens, de venir vous solliciter? S'ils n'avaient aucune chance d'obtenir, on ne les y enverrait pas; ils ne seraient pas maltraités, ils apprendraient un état; ils ne formeraient plus cette pépinière de jeunes filous, d'apprentis forçats, qui pullulent dans vos foires et vos marchés; et plus tard vous ne seriez pas leur tributaire ou leur victime. Une vie coupable est presque toujours la suite d'une enfance inoccupée. Les enfans vicieux font les hommes criminels; l'honneur, comme l'infamie, n'est que le résultat de l'habitude et des impressions premières.

« Gouvernemens monarchiques, aristocratiques, oligarchiques, constitutionnels ou démocratiques, vous construisez des échafauds, des prisons, des bagnes; vous payez à grands frais des bourreaux, des geôliers, des juges; employez la moitié de cette somme à soigner l'enfance des pauvres, à diriger leur début dans la vie; bientôt vos échafauds seront inactifs, vos prisons seront vides et vos jurys désœuvrés!

« Vous, gens de France, vous venez d'étendre vos entrepôts de marchandises, et vous avez bien fait; ayez aussi des entrepôts humains, et vous ferez mieux encore; et ceux-ci ne craignez pas de les multiplier. Pour donner du prix aux denrées, il faut des estomacs qui les mangent. Soignez-donc vos enfans, faites-les grands et forts, arrachez-les au plus tôt à tant de causes de rachitisme, à l'ignorance, aux préjugés, à la superstition, au vice; protégez-les contre des parens ignares et crapuleux. Le toit paternel est pour l'héritier du pauvre le plus funeste de tous; c'est l'abri du mancenillier, c'est le lit du pulmonique. Dans une hutte crasseuse, vous aurez pendant dix générations des enfans crasseux; nul ne peut être net là où il ne touche rien sans se salir. Quel exemple, quelle éducation reçoit cet enfant? Soumis au caprice, à l'arbitraire, alternativement caressé ou battu, son esprit se fausse sur les droits qu'on a sur lui, sur ceux qu'il aura sur les autres; esclave ou tyran, impérieux ou rampant, c'est là qu'il se fait peuple, peuple de l'émeute, peuple machine, qui tue, brise, pleure et crève.

« Dans chaque quartier, dans chaque hameau, ayez un refuge d'enfans, c'est-à-dire une pièce bien aérée l'été, bien chauffée l'hiver, où toute mère de famille puisse, chaque matin, déposer son nourrisson aussitôt qu'il marchera. Tranquille à son égard, assurée des soins qui lui seront donnés, cette mère, maîtresse de son temps, pourra l'employer utilement; l'enfant proprement tenu recevra les premiers principes d'ordre. Aussitôt que le raisonnement apparaîtra, on le soumettra à un petit travail manuel, à quelque étude facile qui, sans le fatiguer, l'accoutumeront à s'occuper et rendront plus douces ses heures de récréation.

« On ne prolongera pas son enfance, on lui fera entendre de bonne heure le langage de l'homme. Je n'ai jamais conçu par quel motif on se croit obligé pour se rendre intelligible aux enfans, de leur débiter des absurdités. Une sottise n'est pas plus facile à comprendre qu'une chose raisonnable ; il est même probable qu'elle l'est moins. Au lieu de s'efforcer de parler comme lui, tâchons donc de le faire parler comme nous ; disons-lui à six ans ce qu'on lui aurait dit à vingt. Il ne le comprendra pas, répondrez-vous ; il le comprendra bien moins quand vous lui aurez dit le contraire.

« Dans vos leçons, ne vous écartez jamais de la vérité : les arts, comme la morale, veulent la nature pour guide ; c'est là le véritable alphabet, la source du beau et du vrai. Ne lui faites donc pas copier des yeux et des nez de papier, tant qu'il y aura des yeux et des nez de chair.

« Si les moyens de l'élève lui permettent de continuer ses études jusqu'à celles du collége, vous maîtres, vous savans, vous professeurs, ne lui mettez pas les anciens entre les mains sans lui en signaler les erreurs. Les classiques peuvent être fort recommandables quant au style ; mais, en logique, ils n'apprennent rien, même à un écolier de sixième. Il y a plus de bon sens dans une page de Buffon ou de Cuvier que dans tout Hérodote, Pline, Strabon et Lucrèce. Nous n'en sommes plus aux Calchas; la physique de l'oracle des rois ferait sourire un portier de collége; le dévouement de Curtius, le courage de Scœvola les mèneraient à Charenton, et Cicéron serait rappelé à la question dix fois par heure, ni plus ni moins que certains radoteurs de notre tribune.

« Aujourd'hui on n'aime ni les phrasiers, ni les charlatans. L'éducation doit être toute raisonnable, toute positive. Commencez donc par donner à l'enfant une idée saine des choses ; expliquez-lui ce qui frappe ses sens; faites-lui comprendre, autant que notre faiblesse le permet, ce que c'est qu'une pierre, qu'un arbre, l'air, l'eau, le feu ; après cela, vous lui conterez, si vous voulez, dans ses momens de récréation, et seulement pour le faire rire, les contes de Virgile et les fadaises d'Ovide. Mais, avant tout, formez son jugement, sa raison citoyenne; enseignez-lui l'histoire de son pays, la langue dans laquelle il défendra les libertés publiques ; faites-le disert de cœur et d'esprit.

« Le peuple apprendra ainsi, avec le bon sens, les convenances et les mots; il n'estropiera plus nos oreilles avec des phrases barbares; il ne fatiguera pas nos yeux d'inscriptions ridicules; nous ne verrons plus sur des colonnes *Neapolio*, parce qu'un nom ne se traduit pas; que Brutus ne s'appelait pas Brute, ni Turnus Turne, et que si l'on changeait le nom de chacun dans chaque idiome on pourrait en avoir autant que de cheveux.

« Nos électeurs, instruits de leur droit, choisiront des représentans pour protéger les lois et les améliorer, et non des bavardes pour écumer le pot, ou des commissionnaires pour leur procurer des débits de tabac. Les députés, pénétrés de leur dignité, ne perdront plus dans les antichambres un temps qui appartient au pays, et n'iront plus se coucher quand le ciel sera à la brume. Chacun remplira sa mission : les comptables connaîtront leur compte, les comédiens sauront leur rôle, le parterre sera satisfait, et le souffleur, les mains dans les poches, pourra engraisser dans son trou.

« Voila l'effet des entrepôts que je demande. »

— « Mais, dit M. Christophe.... » — « Je sais, continua l'autre, que nos soi-disant économistes, nos faiseurs de zéros, qui voient partout la ruine de l'État, vont s'écrier : « Des dépôts! des écoles dans tous les quartiers! dans tous les villages ! Combien de millions!..... Quelle dépense!.... » Quelle dépense? le loyer d'une salle, d'une grange par village. Que faut-il pour garder cent enfans? une femme, un vieillard.

« Et l'accroissement du travail des parens, le comptez-vous pour rien? Ce travail n'est-il pas un bénéfice pour l'Etat? »

Ici, le pauvre vigneron se tordait comme un démoniaque; il avait de si belles choses à dire! Mais son impitoyable interlocuteur semblait puiser son éloquence dans les tourmens de sa victime. Plus il la voyait se contracter et remuer les lèvres, plus il entassait les mots sur les mots.

« De ce bénéfice je veux que vous économisiez encore de quoi nourrir ces mêmes enfans tout le temps qu'ils passeront au dépôt; c'est le moyen assuré que les parens les y apportent et les y laissent. De plus, je prétends que vous ayez de bonnes maisons gratuites d'apprentissage et de métiers, où vous pourrez placer, dès qu'ils auront l'âge, ceux qui ne seront pas propres aux arts et aux sciences. Là encore vous les nourrirez, et il vous restera des millions.

« S'il ne vous en reste pas, vous en prendrez sur vos illuminations, vos mâts de cocagne, vos feux d'artifice. S'il n'y en a pas assez, vous en chercherez ailleurs. L'éducation des petits est le premier devoir d'un gouvernement; c'est la dépense qui doit passer avant tout, même avant les frais de table des questeurs et les feux des danseuses. Vous avez des haras, des faisanderies, des lapinières, et vous n'avez pas une bonne *nourricerie* humaine. Les enfans deviennent des hommes. Je ne puis trop vous le redire, l'industrie et la moralité d'un peuple naissent des soins donnés au premier âge, de l'abri accordé aux jeunes plants : cultivez-les bien, ils porteront de bons fruits. Non seulement l'esprit de la nation y gagnera, mais son physique. Les trois quarts des maladies du corps, nous les devons, comme celles de l'ame, à l'ignorance paternelle.

« Les caresses, les soins excessifs, la surabondance, comme le besoin ou l'incurie, arrêtent la croissance, le développement des organes, et nous jettent de l'enfance à la décrépitude et de la décrépitude au cercueil : l'amour et l'indifférence conspirent également contre les nourrissons.

« Mais cette même tendresse ou cette même incurie empêcheront les parens de les envoyer aux écoles? Eh bien! privez de tous secours publics ceux qui ne les y enverront pas; dites que les individus qui ne savent ni lire ni écrire seront exclus des droits civiques; qu'ils ne pourront être ni maire, ni adjoint, ni électeur, ni juré, ni membre d'aucun conseil, ni garde champêtre, ni commis d'octroi, enfin qu'ils ne seront admissibles à aucun emploi qui nous donne, avec un bénéfice, le droit de vexer les autres.

« Ayez aussi une loi qui règle la puissance paternelle, qui punisse au moins d'un blâme, d'une réprimande, le mauvais exemple, les désordres, les excès, notamment l'ivrognerie : le vin détruit plus d'hommes que le canon. »

— « Le vin! s'écria M. Christophe d'un ton lamentable, le vin!! la santé du corps, la joie de l'ame, le vin, ce don de Dieu!!! »

Le souffleur endiablé reconnut-il à cette exclamation que le bon homme en vendait, ou le savait-il d'avance? on ne le dit pas; mais la chose est probable, car il répéta : « Les marchands de vin sont-ils autres que des empoisonneurs patentés, auprès desquels les faiseurs d'acqueta, d'acqua peruggina, d'acqua tophana, les Lavoisins, les Brinvilliers, les Desrues n'étaient que d'honnêtes industriels? Leurs caves, leurs celliers ne sont-ils pas autant de soupiraux de l'enfer, d'où s'échappent les rixes, le crime et la mort? Oui, le vin tue cent fois plus d'hommes que la peste, la guerre et la famine réunies, et cause plus de forfaits que le fanatisme et la diplomatie. Sur 1132 meurtres commis en France dans l'espace de ces quatre dernières années, 448 l'ont été par suite de querelles de cabarets.

« Et la modération elle-même ne trouve-t-elle pas dans l'usage de cette liqueur une source de déboires et d'infirmités? La coupable négligence du vigneron, ou son industrie assassine, n'en fait-elle pas un acide dévorant, un vinaigre corrosif, une drogue funeste et délétère? Oui, le vigneron paresseux ou falsificateur est mille fois plus coupable que l'empoisonneur! Poussé par la haine ou par la vengeance, si l'un fait deux ou trois victimes, l'autre, pour un misérable gain, frappe un peuple entier; il le condamne à expirer dans des douleurs atroces; pourquoi donc ne lui appliquerions-nous pas la loi contre le faussaire? Si la fausse monnaie, les faux billets ébranlent le crédit et la confiance, le marchand trompeur tue le spéculateur avec la spéculation. Faites donc surveiller les cuves, les pressoirs, les auberges, les cabarets, tous les lieux où l'on vend à boire et à manger;

ayez l'œil dans toutes les tonnes, dans toutes les marmites, depuis celle du munitionnaire général, jusqu'à celle de l'échoppier du coin. Si la maison d'un particulier est sacrée, ce qui est ouvert à tous est soumis à l'investigation du magistrat. Il ne peut y avoir de liberté qu'où il y a des règles; personne n'est libre où tout le monde peut nuire. L'intérêt de la masse n'est assuré qu'en obligeant à la bonne foi ceux qui spéculent sur la masse, notamment sur la soif et sur la faim. Rien n'est plus sacré que l'estomac de l'homme, car la bonne soupe fait les bons peuples; et, puisque nous avons une charte et des droits égaux, qu'on ne nous vende plus des pies pour des cailles, du foin pour des épinards, de la litharge pour de la boisson. Pour cela faire, versez dans le ruisseau tous les méchans ragoûts, toutes les liqueurs piquées, avariées, frelatées; mettez aux galères tous les marchands qui les débitent; triplez et quadruplez les droits sur les distilleries, esprits, eaux-de-vie; limitez-en la force, le degré et la quantité à détailler, comme l'on fait pour toutes les autres drogues pernicieuses : on en vendra toujours assez; trop heureux si l'on n'en vendait pas du tout. »

— « Bonté de Dieu! s'écria le vigneron, est-ce

aujourd'hui la fin du monde?...... » Le bon homme était lancé. Inspiré par l'indignation, son entrée en matière avait été si brusque, que l'autre, quelque effilée que fût sa langue, n'avait pu le prévenir; il semblait donc enfin maître du champ de bataille; mais le ciel et la terre conspiraient contre lui.

Il n'avait pas dit ces six mots, qu'allaient suivre probablement quelques milliers d'autres, qu'un grand brouhaha vint couvrir sa voix. La marche du convoi était de nouveau interrompue, et chacun s'informait de ce qui était arrivé, lorsqu'on apprit qu'un agent sanitaire venait d'appréhender au corps le défunt, cité devant la commission du quartier, comme prévenu de menées pestilentielles et de décès par suite de choléra sans déclaration préalable.

Sur cette accusation, quelques uns des assistans, craignant d'être appelés en témoignage ou conduits à l'hôpital, avaient pris la fuite, et une grande querelle s'était engagée entre l'homme de la santé et celui des pompes funèbres. Heureusement, le médecin du théâtre était présent; il soutint que son client était mort honnêtement d'une répercussion d'alcohol, à laquelle s'étaient joints des souvenirs d'un repas de la veille et d'une grande passion qu'il avait eue pour une jeune figurante. C'était, comme on voit, une maladie compliquée, et cette explication, satisfaisante sous tous les rapports, empêcha que la mémoire respectable du défunt ne fût troublée par le chlorure et le sulfate.

Au premier symptôme de silence, M. Cristophe ouvrit la bouche, et soit qu'il eût ou non prononcé le mot choléra, son impitoyable compagnon ne le laissa pas aller plus loin. « Eh bien! le choléra, puisque vous voulez absolument que je vous en parle, lui dit-il, nous ne le devons qu'à l'ignorance, au manque de conduite, de soin, de propreté, et aux empiriques. Avec un peu d'eau fraîche on l'eût prévenu, avec un peu d'eau fraîche on le guérit. » — « Ah! ah! dit M. Christophe. » — « Oui, continua l'autre : s'il vous arrive, avalez-moi un bon verre de l'eau de votre puits, plongez-vous dans la rivière, ou, s'il n'y en a pas dans votre quartier, faites-vous éponger de la tête aux pieds, comme au jour du déluge universel, et si vous en revenez, vous m'en direz des nouvelles. » — « Oh! oh! dit encore le vigneron.... » — « Vous voulez savoir son histoire? répliqua l'acteur. » — « Je ne veux pas savoir son histoire! cria M. Cristophe indigné. » — « Vous voulez savoir son histoire? répéta l'autre avec un imperturbable sang-froid, et, tandis que le malheureux marchand blémissait de rage :

« Il y avait, en 1817, dans l'Inde britannique, au delà du Gange, en la ville de Jessore, un juif, revendeur et fripier, comme tous ceux de sa religion, qu'on nommait Misraïm. Un soir, après souper, il causait tranquillement avec sa femme Rebecca, quand tout à coup il s'écria que son ventre enflait. Sa femme Rebecca l'engagea à faire un petit tour dans le jardin ; il fit un petit tour dans le jardin, mais son ventre enflait de plus belle ; il en fit un second, mais il enflait encore; puis un troisième, il enflait toujours. Bientôt il eut des vomissemens, des déjections aqueuses, des douleurs d'estomac, des crampes aux jambes, aux bras, aux cuisses; des sueurs froides; puis sa figure parut abattue, consternée; ses yeux devinrent fixes, vitrés, enfoncés; ses lèvres bleues, son nez vert, son cou noir, ses joues pourpres, sa langue blanche; on n'avait jamais vu un homme de tant de couleurs. » — « Hé! hé! répéta M. Christophe... » — « Le médecin fut appelé, et, lui aidant, le pauvre Israélite se rendit dans le sein d'Abraham.

« Le corps fut enterré immédiatement, car il faisait fort chaud. La cérémonie faite, comme pareille maladie n'avait jamais paru dans la bonne ville de

Jessore ni ailleurs, chacun glosa à sa manière. Les rabbins dirent que le juif avait sans doute mangé du lard; les Indous soutinrent que c'était de la vache; les Anglais voulurent que ce fût des grenouilles; mais les voisins prétendirent que ce n'était ni l'un ni l'autre, que le juif était mort de pourriture, car il était d'une malpropreté telle, que lorsqu'on ouvrait la porte de sa chambre l'infection se répandait dans tout le quartier.

« Des missionnaires puritains, arrivés de la veille, assuraient que les voisins se trompaient comme les autres; que le mal ne pouvait venir que des souillures de l'ame, et que c'était la masse des iniquités du défunt qui avait corrompu son sang et gangréné son corps.

« Sans décider précisément la question, les docteurs déclarèrent à l'unanimité que le juif était sous toutes les faces un vrai pourceau; qu'il y avait en lui le germe de vingt-cinq maladies pestilentielles, au moins, et le levain de mille plaies diverses, depuis le rhume simple jusqu'à la lèpre et l'éléphantiasis; que n'ayant, pendant quatre-vingts ans, voulu suivre aucun régime préventif, purgatif ou dépuratif; qu'ayant au contraire fait rentrer tous ses maux au moyen de répercussifs, il était résulté en lui un esprit, un consommé, une huile essentielle de putridité, bref une essence morbifique, concentrée et perfectionnée à un si haut degré de malignité, qu'une seule goutte aurait tué quarante mille hommes. Cette décision de la faculté avait été rendue en langue sanscrite, et en beaucoup meilleurs termes que je ne puis l'exprimer.

« Pendant ce temps, un jeune chirurgien philantrope et zélé, qui désirait faire l'autopsie, imagina de dire, par amour pour la science, que tout cela était du galimatias; que le juif avait tout bonnement été empoisonné avec de la mort aux rats, parce qu'il était riche et qu'il avait des héritiers. Ce bruit étant arrivé jusqu'au grand lama de la police anglaise, il fut décidé que le mort serait déterré.

« Les dévots de toutes les religions crièrent au scandale, disant que si c'était souvent une bonne œuvre de percer le ventre à un vivant, c'était toujours un grand crime de l'ouvrir à un mort; qu'ici, vu le temps de carême, c'était l'abomination de la désolation et la ruine de Jérusalem.

« Or, il se fit que les dévots avaient raison.

« Deux heures après l'ouverture, le chirurgien qui l'avait faite, le juge qui l'avait certifiée, le greffier qui l'avait enregistrée, les valets qui y avaient assisté étaient morts. A cette nouvelle, aucun porteur, fossoyeur, prêtre, sergent de ville, entrepreneur ou autres, ne voulant approcher, le corps, à moitié disséqué, fut abandonné au greffe, et bientôt l'infection devint si intense que le soir même on ne pouvait plus traverser la presqu'île de l'Inde sans se boucher le nez.

« Le lendemain, la femme du chirurgien, celle du juge, celles du greffier et des valets étaient mortes; le surlendemain, leurs enfans; le jour suivant, leurs oncles et tantes; et celui d'après, leurs cousins jusqu'au dixième degré. Bientôt cela gagna les amis et connaissances, et puis toutes les autres familles. Cent personnes moururent par jour; puis deux cents; puis mille. Tout ce qui restait se hâta de fuir cette ville funeste, et le mal se répandit au loin. Allahabad, Gorrukpore, Calcutta, Bénarès, furent infectées; le Gange ne roula que sur des cadavres.

« Chacun, à l'exception des Anglais qui sont dans l'Inde pour acheter du coton et non pour autre chose, prit contre le mal des mesures à sa manière. A Bankok, on ordonne une procession générale et l'on conjure le mauvais esprit de s'apaiser; le mauvais esprit n'entend pas raison, et sept mille de ses adorateurs meurent sur la place.

« A Manille, les habitans tuent le naturaliste Godefroy, parce qu'il avait une collection de reptiles empaillés, qui, évidemment, avaient causé la contagion.

« A la Mecque, on sacrifie trente mille moutons, et on les laisse pourrir au soleil.

« A Pondichéry, un docteur s'inocule le virus, avale du sang abdominal, du mucus intestinal, et propose aux amateurs d'en faire autant.

« Au Bengale, une faculté tout entière argumente pour savoir pourquoi les cholériques remuent quand on les enterre. Après vingt disputes, cinquante mémoires et cent autopsies, le fossoyeur découvre que c'est parce qu'ils ne sont pas morts.

« Ici, l'on tue les passans, on bat les malades, on injurie les morts. Là, on prend des pillules, on met des emplâtres; plus loin, on s'assied sur un brasier; ailleurs, on se plonge dans la glace; ici, l'on frotte; là, on saigne; partout on babille, on commente, on s'agite et l'on trépasse.

« Cependant le mal avait atteint la Chine, puis la Sibérie orientale, et cinquante millions d'individus étaient déjà enterrés, lorsque les bourgeois de Paris, s'étant chamaillés avec la garnison, il en advint que les Polonais voulurent faire comme eux, et que les Russes étant arrivés au pas de charge de la grande muraille à une étape plus loin, le poste suivant s'avança à une étape plus près ; et, d'étape en étape, le mal parvint aux Polonais, qui le donnèrent aux Prussiens; ceux-ci le repassèrent aux Autrichiens, lesquels en gratifièrent les Anglais, qui en ont disposé en notre faveur avec capital et intérêts. »

Les maux d'autrui sont toujours un grand allégement aux nôtres. L'histoire du choléra tombée là comme des nues, et certainement bien contre le gré du malheureux vigneron, avait cependant, pour quelques momens, engourdi ses douleurs; il était temps, car elles étaient atroces; et celle du choléra, dont on nous fait une si redoutable description, le tout pour nous rassurer, parce que la peur le donne, le choléra, dis-je, n'était que gentillesse à côté. Être bavard et être obligé d'écouter pendant deux heures, sans rien dire, quand les phrases arrivent à la bouche, quand elles s'y pressent, quand, toutes à la fois, elles veulent sortir, quand elles nous étranglent; sentir ces phrases refoulées brûlantes dans notre gorge par d'autres phrases qui les contredisent, ou, chose plus horrible, qui disent ce que nous allon dire, est-il supplice plus cruel, plus infernal? C'est celui de Tantale, c'est mille fois pis.

Tel était M. Christophe, en proie au démon pervers qui se faisait un jeu de ses angoisses. Néanmoins, ainsi que nous l'avons dit, sa narration cadavérique, en portant les idées du marchand sur un danger physique, lui avait un moment fait oublier ses tortures morales. Cette intermittence de la fièvre fut court, et, le récit achevé, toutes les vues économiques, politiques, théologiques et philosophiques du bon homme se présentèrent de nouveau au passage avec d'autant plus de force qu'on approchait du cimetière, et qu'il prévoyait que là toute conversation deviendrait impossible. Son vampire le sentait également : aussi ne le laissa-t-il pas respirer. « Si le juif, se hâta-t-il d'ajouter, avait été dans son enfance accoutumé à l'ordre, à un régime d'hygiène, il aurait pris médecine en temps convenable, il n'aurait pas eu une maladie putride, les médecins ne l'auraient pas tué, les chirurgiens ne l'auraient pas déterré, les prêtres de la Mecque n'auraient pas égorgé trente mille moutons; ceux de Bankok n'auraient pas fait la procession, les bourgeois de Paris n'auraient pas rossé les malades, et cinquante-trois millions d'individus ne seraient pas morts en râlant comme des possédés. »

M. Narcisse ne faisait plus que ressasser ce qu'il avait dit. Malgré ses ressources, on voyait la corde, et à son grand déplaisir il allait lâcher la gorge à sa victime, lorsque, fort à propos pour sa méchanceté, les pauvres rosses qui traînaient le corbillard s'arrêtèrent de fatigue. Le cocher au crêpe noir fit tomber sur les malheureuses bêtes une grêle de coups, ce à quoi le vieil histrion ne mit pas le moindre empêchement; mais il partit de là pour faire une sortie contre la cruauté envers les animaux. « Voilà encore, dit-il, une suite funeste de la déplorable éducation qu'on donne au peuple, des faux principes qu'on inculque à l'enfant. A peine a-t-il les oreilles ouvertes qu'on lui crie que toutes les créatures sont faites pour l'usage et le plaisir de l'homme, et l'enfant, conséquent avec ce qu'on lui enseigne, va plumer vif un oiseau, parce que cela l'amuse; il n'y voit point le plus petit mal, ni pour lui ni pour les autres. Mais, dupe et victime de sa barbarie, tandis qu'il rassasie ses yeux des spasmes de la douleur, sa sensibilité s'émousse, son cœur s'endurcit; après avoir plumé son oiseau, il va éborgner son chien, puis battre son camarade, qui le lui rend. Devenu grand, il maltraite sa femme, assomme son voisin et se fait pendre. Et ce même homme aurait été doux et pacifique toute sa vie, si on lui avait laissé sa raison naturelle, si on ne lui avait pas débité une ânerie, si enfin on ne lui avait pas donné l'exemple. Il a vu battre, il bat; il a vu tuer, il tue. Mais tuer une créature quelconque, sans une nécessité absolue, est un passe-temps de boucher; la torturer est une monstruosité, reste de notre état primitif de brute et de cannibale. Puisqu'une nature inexplicable nous force à nous nourrir de sang, prenons-le ce sang, mais épargnons la douleur à la victime.

« Et quant aux êtres domestiques, aux bêtes de somme, de travail, nos aides, nos compagnons, nos soutiens, si doux, si soumis, si patiens, les maltraiter n'est-ce pas le dernier degré de l'injustice et de l'ingratitude? Ah! si la pitié ne nous retient pas, considérons du moins notre intérêt; vous, surtout, fiacres, conducteurs, cochers, charretiers, qui frappez sur vos chevaux comme sur des bornes, songez donc que vous abrégez leur vie; qu'en exigeant trop vous paralysez leur force; qu'en les tourmentant vous les rendez vicieux et méchans; épargnez-les, ils travailleront plus fort et plus long-temps; vous fatiguerez moins votre bras, vous userez moins votre fouet : leur moral gagnera et le vôtre aussi, et votre bourse s'arrondira.

La loi anglaise *Martin's law to prevent cruelty to animals* est sage et raisonnée. Pourquoi ne l'établirions-nous pas chez nous? Est-ce un ridicule d'être bon? Si cela est, ne soyons qu'économe et prudent. Votre lourdaud de valet, qui fait combattre vos poulets, qui tire au blanc sur vos chats, qui crève vos chevaux à la course, s'il ne vous rompt pas le cou par méchanceté, le fera un jour par bêtise. Encore une fois, soyez humain envers les êtres faibles, vous en serez bien payé, dans cette vie et dans l'autre. »

— « Quelle chienne d'humanité! grogna M. Cristophe. Prêcher la pitié pour les bêtes en étranglant un homme! »

Ici le rédacteur ignore si la colère du marchand de vin le poussa à quelque voie de fait; si, dans son exaspération, il proposa un cartel à son adversaire; si le mot duel fut lâché, ou si celui-ci prit ce texte pour continuer sa persécution verbeuse, le fait est qu'en tournant la rue il en était sur ce sujet.

« Puisqu'on ne peut empêcher les duels en France, disait-il, que ne les rend-on légaux? Pourquoi n'y aurait-il pas, dans chaque ville, un jury spécial pour l'examen des mots ou gestes qui se terminent par l'épée? Chaque personne qui se croirait insultée serait tenue de faire sa déclaration, et le combat ne serait permis qu'après que, tous moyens de conciliation épuisés, il aurait été reconnu nécessaire pour l'honneur de l'un ou de l'autre champion.

« Quiconque ne se présenterait pas devant ce conseil de conciliation, ou ne se soumettrait pas à sa décision, deviendrait alors justiciable des tribunaux ordinaires et serait poursuivi comme meurtrier. Si ce mode ne diminuait pas le nombre des affaires de sang, il permettrait du moins d'y égaliser les armes et les chances, et d'atteindre plus souvent ces duellistes de profession, ces assassins amateurs, qui heureusement deviennent de jour en jour plus rares, parce que la raison publique les a flétris d'un juste mépris.

« Le duel est un mal ; mais il en prévient un plus grand, le guet-apens. Il serait certainement heureux qu'on pût persuader aux Corses de vider leurs différends en champ clos. Le duel force aussi les hommes à des égards réciproques, et empêche les scènes grossières et souvent féroces si fréquentes chez les peuples qui sont étrangers au point d'honneur.

« Que ce point d'honneur soit un préjugé, c'est possible; mais ce préjugé est tellement dans nos mœurs, qu'on essayerait en vain de l'en arracher. Celui qui a reçu un soufflet et qui le garde ou a recours à un huissier, est aussi sûrement déshonoré que s'il avait commis un vol ou un rapt. L'être le plus doux, le plus ennemi du sang, ne peut donc pas échapper à une rencontre, et cependant cet homme insulté, cet homme qui tient à son honneur, est, dans notre législation actuelle, placé sur la même sellette, soumis à la même peine que le meurtrier de grande route. Il est vrai qu'on ne trouve pas de juges qui le condamnent, parce que la conscience de chaque juge lui dit qu'il ferait comme lui; mais c'est toujours un mal qu'une loi existe pour n'être pas exécutée. Ayez-en donc une qui puisse l'être et qui le soit.

« Le suicide serait aussi bien moins commun si un réglement quelconque pouvait avoir assez de force pour obliger l'homme décidé à mourir à en faire l'aveu légal. Mais quel moyen coërcitif existe-t-il contre celui qui ne veut plus vivre? L'opinion, la conscience, l'honneur.... Il faudrait que cet homme désespéré comprît qu'en se frappant sans dénoncer ses motifs, il peut compromettre des innocens; que sa résolution, dont chacun ignore la cause, amène un trouble, une disturbation dans la société, et qu'en notant sa mémoire d'infamie, la société ne ferait qu'exercer une juste représaille.

« Le suicide est-il dans la nature? Je ne le crois pas. La brute, le sauvage, le crétin, le fou, l'enragé ne se détruisent pas; le suicide est la suite de la civilisation, c'est-à-dire d'une nature factice. Est-il un crime pour l'individu isolé, lorsqu'il n'en peut résulter aucun dommage pour autrui? Je l'ignore; mais un père de famille qui, en se tuant, laisse sa femme ou ses enfans dans le besoin; un fils qui porte, par sa fin volontaire, la douleur dans le sein d'un père, d'une épouse, d'un ami, est assurément coupable. Que la mort soit souvent un bien, je n'en doute pas; mais le bien même, il est défendu de le produire en causant préjudice à un tiers; la loi seule a ce privilége. »

Pendant que le souffleur s'escrimait, le marchand de vin, la tête basse, annihilé par le désespoir, n'essayait même plus de l'interrompre : aussi l'autre, maintenant à l'aise, parlait sans se presser, et presque dédaigneusement. Il ressemblait à ce coq qui chante sur le corps de son rival terrassé. Quoiqu'heureux de son succès, le vieil acteur regrettait les grimaces du bon homme; il le tâtait en ce moment, comme le chirurgien qui veut appliquer à un cadavre la pile galvanique, ou qui cherche le moyen de procurer quelque convulsion à un paralytique.

Il avait cru remarquer qu'au mot jury le vigneron avait changé de figure. Il le répéta donc avec affectation, et de l'air du musicien qui pose le thême de la variation qu'il va improviser. Hélas! il n'avait que trop bien deviné : c'était alors le dada de l'infortuné penseur, qui, à cette introduction, poussa le cri douloureux d'un auteur dramatique qui voit sur l'affiche le sujet de la pièce qu'il termine. Depuis son entretien avec le médecin, M. Cristophe avait constamment médité sur le code, et il avait, suivant lui, les plus belles choses à en dire; mais il n'entrait pas dans les intentions de son voisin de les écouter, et le bourreau, voyant qu'il avait touché juste, se hâta de répéter : « Quand je vous ai parlé de jury, ce n'est pas que j'approuve son organisation actuelle : il y a encore là de grands inconvéniens à parer.

« Le premier est celui qui oblige un individu à mentir par conscience et à blesser la vérité pour se sauver d'un remords. »

Le vigneron dressa légèrement l'oreille, car il n'avait pas prévu ce cas.

« Par exemple, poursuivit le comédien : qu'il se trouve un homme qui ne soit pas certain de son droit de mort sur son semblable, qu'il arrive à cet homme d'être juré dans une cause capitale, comment, avec le doute qui existe en lui, pourra-t-il consciencieusement envoyer une tête au couteau? En vain on lui dira qu'il ne condamne pas, il répondra que c'est une distinction vaine. Le juré ne condamnerait pas sciemment s'il ignorait le résultat de sa réponse; mais il sait que son *oui* est l'arrêt de mort du prévenu, et qu'il le tue aussi sûrement que s'il lui coupait le cou lui-même; et pourtant s'il dit non, lorsqu'il est persuadé que l'accusé est criminel, il profère une fausseté. Ainsi, la loi met un juré dans le cas de frapper contre sa conscience ou de parler contre sa conviction.

« Pour que la loi fût bonne ou le juré libre, il faudrait poser trois questions :

« 1° Un tel a-t-il commis le crime?

« 2° Le crime commis doit-il être puni de mort?

« Si le jury répondait *oui* à la première question, et *non* à la seconde, le président poserait la troisième : « Quelle peine a mérité le coupable? » et la cour s'adjoindrait au jury pour prononcer.

« Dans la législation actuelle, le tribunal ne décide rien, puisque, avec l'opinion que l'accusé n'a pas mérité le supplice, et même qu'il est innocent, il n'en applique pas moins la peine sur le *oui* du jury; il ne fait là, à proprement parler, que l'office d'exécuteur : les jurés disent qu'on peut tuer, et les juges tuent. Souvent une créature humaine est ainsi égorgée sans que personne soit convaincu ni de la réalité du fait, ni du droit de la loi, ni de la justice de son application. Un juré qui craint, en donnant la mort, d'usurper une puissance qui n'appartient qu'à Dieu, aime donc mieux mentir; mais dans l'un ou l'autre cas, il sort du tribunal mécontent de lui-même; et il doit l'être, car il a commis un faux ou un meurtre.

« S'il a le courage de prononcer la seule réponse qui puisse satisfaire un homme de bon sens, c'est-à-dire, qu'il n'a pas mission de tuer, il sera apostrophé par le procureur du roi, condamné à l'amende par le président, et regardé comme un fou par l'auditoire.

« Tel est le vice d'une législation qui manque de degrés suffisamment adaptés à la raison de chacun; d'une législation hors nature, qui lie la conscience, l'entrave et la fausse, et qui, ne permettant pas l'application proportionnelle de l'opinion au crime, assure l'impunité de la moitié des coupables.

« Nul ne niera que c'est le sentiment individuel qui fait la légalité d'un jugement. S'il faut huit voix sur douze, il faut une conviction par voix ; par conséquent huit convictions pour condamner ou absoudre ; et cependant il en est rarement ainsi ; c'est presque toujours une seule voix qui entraîne toutes les autres. Si le premier opinant dit non, il y a probabilité que le second dira comme lui, et le troisième comme le second : aussi le prévenu est-il d'ordinaire jugé par un seul juré, et peut-être sans la conviction d'aucun, car l'opinion de ce seul juré n'est pas toujours la sienne ; elle n'est souvent pas même fondée sur la cause réelle. Qu'un de ses collègues, bavard comme il s'en rencontre, fasse à sa manière, et simplement pour exercer sa langue, l'exposé de l'affaire ; qu'il tronque l'accusation, estropie les faits, dénature les débats, falsifie les preuves, embrouille la défense ; c'est sur le bavardage de ce nouveau consultant, bavardage qui n'est rectifié ni par les témoins, ni par l'accusé, ni par le magistrat, et qui n'a d'autre règle que l'imagination du conteur, que chacun fera son résumé et qu'il prononcera en dernier ressort sur la vie ou la mort du prévenu. Or, ce prévenu aurait tout aussi bien été jugé par l'épreuve du feu ou celle de l'eau.

« Admettez maintenant qu'il y ait un juré intéressé à faire condamner ou innocenter un homme, il est presque impossible qu'avec un peu d'adresse et de persévérance il ne parvienne à l'un ou à l'autre de ces résultats.

« Prévenir cet abus, est facile : il suffit d'isoler chaque juré aussitôt après la clôture des débats, d'empêcher qu'ils puissent discuter entre eux et se communiquer leur vote.

« Ayez soin aussi qu'aucun domestique à gages ne fasse partie des jurys. Or, j'appelle domestiques à gages tous les salariés dépendant d'un maître, qui, à sa volonté, les prend et les chasse, les nomme et les révoque, sans contrôle comme sans appel; c'est-à-dire quelques vingt milliers d'employés de tout grade et livrée. Je vous ferai observer à ce sujet que s'ils étaient nommés par un conseil *, par une élection quelconque, ne fût-ce que celle des garçons de bureau, que s'ils conservaient leur rang et leur grade, même lorsqu'ils seraient mis en disponibilité; enfin que s'ils n'étaient destitués que par un jugement, cessant ainsi d'être les serfs, les sujets du

* Déjà cela existe dans quelques administrations, notamment dans celle des douanes; mais cette amélioration on la doit au bon sens des chefs et non à la loi.

chef, les esclaves du bon plaisir, ces employés deviendraient les hommes de la chose et des citoyens français. Alors ils seraient propres à tout, et même à faire des juges. Il en résulterait encore que les directeurs qui se plaignent d'être importunés de sollicitations, le seraient beaucoup moins, et que les solliciteurs, ne sachant à qui s'adresser, ne solliciteraient plus; que nous aurions de meilleurs jurys, de meilleurs commis, des administrateurs moins dérangés, et qui, après avoir fait leurs affaires, s'occuperaient des nôtres. »

On traversait les barrières, et le bruit croissant des voitures empêchait alors M. Cristophe d'entendre le souffleur autrement que par un bourdonnement, qui, se confondant avec ses propres réflexions, lui faisaient presque croire qu'il parlait en personne, ce qui le soulageait un peu. Mais lorsqu'on eut dépassé l'octroi et le grand confluent des diligences, fiacres, chariots et coucous, la voix pénétrante de son compagnon prenant le dessus, il fut de nouveau livré à ses argumens.

M. Narcisse avait déjà changé de thême : il apostrophait les moulins, il vociférait contre les routes, les champs, les récoltes, et, calculant la progression de ses stigmates, il était arrivé à l'économie publique ; il posait des chiffres, faisait des additions, des divisions, des soustractions. C'en était trop pour l'infortuné vigneron ; il semblait qu'on les lui appliquait au fer rouge. Sa répercussion d'idées, sa gastrite de comptes était à son dernier paroxisme ; cinq minutes plus tard, il était mort. Heureusement on touchait à la porte du cimetière, et le vieux comédien lui dit qu'il était dans les convenances de cesser ici leur entretien et de se recueillir jusqu'au moment de l'oraison funèbre, dont sans doute il se chargerait comme compatriote du défunt.

A cette invitation, M. Cristophe, dégageant ses larges naseaux, respira aussi bruyamment qu'un bœuf qui approche de la mangeoire, et fit un geste affirmatif ; mais tout à coup, se rappelant que depuis tant d'années il avait perdu de vue un homme qu'il ne connaissait d'ailleurs que sous des rapports peu propres à un éloge, il sentit quelques doutes et scrupules. Il les soumit au souffleur ; celui-ci lui répondit de ne pas s'inquiéter, qu'il serait là ; que grâce à Dieu il était connu, et que si depuis dix ans il soufflait tous les soirs la pièce entière à dix acteurs qui n'en savaient pas un mot, il pouvait bien jeter quelques notes détachées à un honnête homme qui avait de l'oreille et de la bonne volonté. Cette assurance tranquillisa complétement M. Cristophe.

Quand on fut arrivé à l'endroit où le roi de la fête devait achever son dernier rôle terrestre et qu'on eut commencé, romantiquement parlant, à le parer de son vêtement de glaise, M. Narcisse poussa l'orateur sur le sol déplacé, où le bon homme, enfonçant jusqu'à mi-jambe, se trouva aussi d'aplomb que dans la meilleure tribune. Après s'être un moment recueilli, il desserra avec délice ces lèvres, si longtemps comprimées. Il fit entendre cette toux préparatoire, suivie de cette expectoration préalable qui a fait partie de l'éloquence de tous les siècles et de tous les peuples. Mais au peu d'effet de ce préambule il crut s'apercevoir que sa voix percerait difficilement le concert de chuchotemens et de conversations particulières qui s'exécutait crescendo dans les groupes environnans. Il allait réclamer le silence. M. Narcisse lui dit que c'étaient les prières, telles qu'on les récitait habituellement à Paris, selon la liturgie de l'époque, et l'accompagnement obligé de toute oraison funèbre, discours académique, etc.; qu'il ne fallait nullement s'en inquiéter, mais crier le plus fort possible. En conséquence, beuglant comme un taureau, le vigneron commença en ces termes :

« Réunis pour un devoir triste et solennel, souffrez qu'à vos sanglots je joigne ma faible voix. Oui, Messieurs.... » — « Citoyens, dit le souffleur. » — « Oui, répéta M. Cristophe, cette douleur, ce profond recueillement, ces vœux du cœur offerts au ciel par tant d'hommes distingués... » Ici le souffleur salua. « Tout, dans cette auguste cérémonie, me trouble et m'intimide. Ah! quel accord touchant! quelle pompe de larmes! quel hymne de regrets! Et cependant pourrons-nous assez déplorer la perte de celui qui fut pour chacun de nous le plus fidèle des amis, le plus tendre des frères? »

M. Narcisse porta son mouchoir à ses yeux, puis le présenta à M. Cristophe « Que d'actions honorables! que de nobles efforts ont illustré cette vie, hélas! trop courte pour l'humanité, trop courte pour les arts! » — « Et pour les marchands de vin, ajouta le souffleur. » — « Mais en pleurant celui dont le nom est prononcé avec attendrissement par toutes les bouches, par tous les cœurs, songez qu'il a quitté cette terre de douleur, ce séjour des larmes. » — « Et des créanciers, murmura encore le voisin. » — « Pour reposer dans un monde meilleur et plus digne de ses vertus.

« Je vais, en peu de mots, vous les retracer.

Jean-Pierre...... » Ici M. Cristophe s'arrêta tout court; il ne se rappelait plus le nom de famille de son grand ami, et M. Narcisse ne savait que son nom de théâtre. Il fallut bien s'en contenter. « Jean-Pierre Germeuil... » Là, nouvel embarras : M. Cristophe ne connaissait d'autre particularité de la vie du défunt que celle de son vin volé. Ce n'était pas le cas d'en parler, et le perfide souffleur, soit par jalousie du brillant début de M. Cristophe, soit tout simplement, et comme disent les bonnes gens, pour lui faire une farce, ne se pressait pas de venir à son secours. En vain M. Cristophe lui répétait : soufflez donc, le malicieux animal n'en faisait rien; enfin il lui dit : « J'étais à réfléchir si nous ne ferions pas bien de profiter de ce moment d'élan pour le porter au Panthéon. » — « Allons donc! dit M. Cristophe. » — « Ma foi, reprit le souffleur, il n'y serait pas plus déplacé que d'autres. » — « Jean-Pierre Germeuil.... », répéta M. Cristophe, qui voulait empêcher qu'un si vilain propos n'arrivât à l'oreille du public; mais le pauvre vigneron resta de nouveau accroché. L'autre lui cria : « Naquit à..... » M. Cristophe répéta : « naquit à..... » — « D'une famille distinguée. » — « Non, dit le vigneron, son père était savetier. » — « Eh bien!

d'un savetier distingué. » — « D'un artiste estimable, dit le marchand de vin. » — « Bon époux, continua le souffleur. » — « Il était garçon, répliqua M. Cristophe. » — « Oui, dit l'autre, mais il devait se marier à la fin de l'année théâtrale avec la fille qu'il entretenait. » — « Bon époux, répéta le vigneron. » — « Ajoutez bon père, car il avait un bâtard qu'il a fait mettre à l'hôpital. » — « Bon père, balbutia l'orateur aux abois; et il murmura excellent comédien. »

Ici le vieil acteur fit une grimace telle que l'auditoire laissa échapper un bruit spontané, qu'en tout autre lieu ou circonstance on aurait pu aisément qualifier. Le marchand de vin en fut un moment étourdi : néanmoins, se remettant, il répéta : excellent comédien, et il continua : « savant modeste et studieux, c'est dans la recherche pénible de la vérité, c'est en travaillant à approfondir la nature qu'il est mort.... » — « D'indigestion, » cria le souffleur.

Ici la colère coupa la parole à M. Cristophe. Voir ainsi diffamer un mort, son compatriote, lui paraissait une horreur. Se tournant vers l'interrupteur : « Et quand cela serait; quand il eût valu dix fois moins encore qu'il ne valait, est-ce ici l'instant de le dire? » Puis, revenant au public : « Oui, messieurs, ce grand artiste, à qui une carrière si longue était ouverte, à qui tant de couronnes étaient destinées; à peine à la fleur de l'âge et du talent, frappé d'un coup imprévu, est mort victime de son art. O vous, ses compagnons, nous, ses amis, unissons nos voix pour célébrer dignement sa mémoire! »

— « Sa mémoire! hurla le souffleur, pour celle-ci, mon brave homme, je ne puis la laisser passer. J'en sais plus que vous là-dessus. »

A cette nouvelle impertinence, M. Cristophe bondit d'indignation, et la terre molle sur laquelle il était s'éboulant subitement, il roula dans la fosse, le nez sur son compatriote. Les spectateurs les plus voisins se précipitèrent pour relever le bon homme, qui, grâce à la couche de terre, n'était pas blessé; mais la foule ne put s'empêcher de regarder cet incident comme de mauvais augure; et la première chose qu'il entendit en sortant du trou fut qu'il venait d'y prendre sa mesure.

Etait-il homme à s'inquiéter d'un présage? Je n'en sais rien; mais ce qui est certain, c'est qu'il fit bonne contenance. Après s'être secoué et avoir repris haleine, il continua, monté sur le défunt, à détailler ses vertus civiles, morales et dramatiques.

Il y serait peut-être encore, si l'heure n'eût pas sonné à une horloge voisine; et le dernier coup du marteau rappela soudainement à l'infortuné marchand qu'il n'avait pas dîné.

Frappé comme de la foudre, et récapitulant avec effroi de combien d'heures et de minutes il se trouvait arriéré, il tira ses jambes de la boue sépulcrale, et, sans prendre congé ni du mort, ni des vivans, il se jeta dans la première voiture de louage qui s'offrit à lui, et donna l'ordre au cocher de le conduire au galop chez le traiteur, rôtisseur ou restaurateur le plus voisin.

Mais, ainsi qu'il arrive d'ordinaire, l'endroit le plus proche, dans la géographie du fiacre, est celui près duquel il a affaire, comme le meilleur restaurateur est le gargotier qui a sa pratique. Par une fatalité, le privilégié qui réunissait ces deux conditions se trouvait à l'autre extrémité de Paris, de façon que le bon homme, cahoté devant vingt enseignes, que l'autre dépassait comme l'éclair sans écouter ses cris, arriva à moitié mort de faim à un misérable bouchon où il n'y avait rien qu'un bifteck dur. Il l'avala sans le mâcher, et si malheureusement, qu'en rentrant chez lui il se senti de grandes douleurs d'estomac.

Il ne put fermer l'œil de la nuit, et soit la suite de ce mauvais repas, ou de la contrariété qu'il avait éprouvée, soit disposition naturelle et préexistante, le lendemain, quand il voulut se lever, il avait la tête pesante, la bouche sèche, le cœur défaillant, et il se trouva mal.

La vieille portière de la maison, qui lui servait de valet de chambre, étant survenue, ne fut pas médiocrement saisie en le voyant dans cet état. Elle courut de toute la force de ses jambes chercher le médecin voisin, qui, heureusement, n'avait pas encore commencé ses courses. Il arriva en hâte, car il avait pris, ainsi que tous les gens du quartier, le pauvre homme en affection.

Après avoir examiné le malade et tâté son pouls, il secoua la tête et dit dans l'oreille de la bonne femme qu'il n'était pas bien, et là-dessus la vieille se prit à pleurer.

# TABLE GÉNÉRALE

## DES MATIÈRES.

PREMIÈRE PARTIE.



FIN DE LA TABLE.

La 4e partie de l'*Opinion de M. Cristophe* est sous presse.

IMPRIMERIE ET FONDERIE A. PINARD,
QUAI VOLTAIRE, N° 15.

www.ingramcontent.com/pod-product-compliance
Ingram Content Group UK Ltd.
Pitfield, Milton Keynes, MK11 3LW, UK
UKHW012222240726
13966UKWH00003B/903